图说名人

《图说名人》编委会 编著

孔子

至圣先师

Kongzi
Zhishengxianshi

南海出版公司

图书在版编目（CIP）数据

至圣先师——孔子 /《图说名人》编委会编著. --海口：南海出版公司，2015.9（2024.8重印）
ISBN 978-7-5442-7972-7

Ⅰ.①至… Ⅱ.①图… Ⅲ.①孔丘（前551~前479）－传记 Ⅳ.①B222.2

中国版本图书馆CIP数据核字（2015）第204898号

ZHISHENG XIANSHI——KONGZI
至圣先师——孔子

编　　著	《图说名人》编委会
责任编辑	张蕾
出版发行	南海出版公司　电话：（0898）66568511（出版） （0898）65350227（发行）
社　　址	海南省海口市海秀中路51号星华大厦五楼　邮编：570206
电子信箱	nhpublishing@163.com
经　　销	新华书店
印　　刷	天津旭丰源印刷有限公司
开　　本	787毫米×1092毫米　1/16
印　　张	7
字　　数	80千
版　　次	2015年12月第1版　2024年8月第3次印刷
书　　号	ISBN 978-7-5442-7972-7
定　　价	36.00元

南海版图书　版权所有　盗版必究

前言 TUSHUOMINGREN

　　孔子（公元前551年—公元前479年），名丘，字仲尼，春秋时期鲁国人。生于鲁国昌平乡陬邑（今山东省曲阜市尼山镇鲁源村）。逝世后葬于曲阜北郊的泗水边，即今日孔林。

　　孔子五十一岁时开始在鲁国做官，从中都宰直至大司寇，摄相事。孔子掌权后，仅用短短数月，就使得鲁国内政外交等各方面均大有起色，国家实力大增，百姓安居乐业，恪守礼法。孔子杰出的执政能力让齐国备感威胁，为了挤走孔子，齐国向鲁国送上120匹良马和80位女乐，使鲁国国君鲁定公和大臣季桓子沉溺于声色犬马之中。心系民生的孔子自然无法对此表示认同，遂携高足离鲁，开始周游列国。

　　孔子率弟子在外游学十四年，于六十八岁时回到鲁国。鲁国新继位的国君——鲁哀公对他礼遇有加，但依旧没有重用他。此时的孔子，已无心从政，只专心于教授门徒及整理文化典籍，修订六经。

　　孔子七十三岁时去世，众多弟子为他守孝三年甚至更长时间。守孝期间，众弟子将孔子平时所讲的话经过讨论辩证后，写成流芳百世的《论语》。

　　孔子的思想兼有博大与朴实、内在与超越的特点，可以为身在浮尘之世的人们揭示出人生的真谛与世间万物的内在"谜底"，使其能修其内而安其外，在纷繁混乱的红尘中拥有一份真正的淡定与从容。

目录

声名远扬

圣人出而黄河清 / 1
幼年孤苦 / 5
奉命成婚 / 10
慈母病逝 / 12

怀大志出仕

问礼于老聃 / 15
学乐于苌弘 / 25
鲁乱去齐 / 28
乐育英才 / 37
柳下惠与鲁男子 / 42
学琴于襄子 / 44
夹谷会盟 / 47

周游列国

携高足离鲁 / 51
匡城被围 / 57
折返卫国 / 59
宋国遇险 / 62
孔子适郑 / 66
在陈三年 / 68
三度赴卫 / 70
陈蔡之厄 / 73
转往楚国 / 76
倦游归鲁 / 79

万世师表

制礼乐,作《春秋》/ 97
哲人永辞 / 103

圣人出而黄河清

◇ 图 说 名 人 ◇

名人名言

君子食无求饱，居无求安，敏于事而慎于言，就有道而正焉，可谓好学也已。

——孔子

两千多年以前，世界上几个古老的文明国家，都出现了极为灿烂的文化。公元前565年，佛教创始人释迦牟尼诞生于印度。十四年后，也就是公元前551年，一位受到万世敬仰的圣人——孔子在中国诞生。再过八十二年，希腊伟大哲学家苏格拉底也降生了。这几位圣哲先贤对人类文化产生了巨大的影响。

孔子出生时，正是中国历史上的春秋时代末期。《史记》上记载着孔子出生在"鲁昌平乡陬邑"。

"鲁"是春秋时代的一个小国家，就是现在山东省滋阳东南至江苏省的沛县和安徽省泗水一带。

"陬"是山东省曲阜市东南方的一个城市。孔子的第十二世孙孔安国说："陬，孔子父叔梁纥所治邑。"

据考证，孔子本是商朝"成汤"的后裔。商都迁到殷后，由于纣王暴虐无道，周武王兴兵讨伐，因此灭了殷纣而取得商朝的天下。周武王封纣王的儿子武庚于朝歌。周成王继位后，武庚就不安分起来，竟然起而叛乱，后被周公旦（周武王的弟弟）讨平，改封殷纣的兄长微子启为成汤的后裔，以奉汤祀，国号曰宋（今河南省商丘以东至江苏省铜山以西一带）。

宋襄公生弗父何，弗父何生宋父周，周生世子胜，胜生正考父，考父生孔父嘉。这时候，公族繁衍得不可胜数，于是援用东周时代的"五世亲尽，别为公族"惯例，凡是孔父嘉的子孙，一律姓孔，这就是"孔"姓的由来。

孔父嘉是孔子的六世祖。孔父嘉生木金父，金父生睾夷，睾夷生防叔。防叔为了躲避华氏的祸乱而逃往鲁国，并定居曲阜。

防叔生伯夏，伯夏生叔梁纥。叔梁纥就是孔子的父亲。叔梁纥武艺绝伦，智勇兼备。在一次战役中，由于他的勇敢和机智，使其战友免遭敌人的伏击，因此英名远播，且被委任为陬邑大夫。

叔梁纥起初娶了一位施姓女子为妻，只生了几个女儿，没有男孩。过了不久，施氏虽然为他生下了一个男孩，取名为伯尼，可惜这孩子天分不高而且足部有毛病，必须拄着拐杖走路，上学的时候，经常受到同学们的欺侮和嘲笑。

※ 孔庙中的杏坛

至圣先师——孔子

※ 孔庙前的石牌坊

央人去说媒。

虽然叔梁纥是圣王成汤的后裔，又是受人景仰的英雄人物，但他毕竟年事已高，因此颜家颇感为难。做父亲的颜襄素只好将实际情况告诉三个女儿，想听听她们的意见再作决定。

当时，他的长、次二女听了

施氏虽然贤惠，夫妇两人也很恩爱，不过，没有一个健壮的男孩来继承香火，总是一件憾事。叔梁纥为了这件事一直闷闷不乐。

古时候的习俗，凡是女子出嫁后不能生育男孩者，就可援"七去"之条把她给休了。所谓"七去"也就是"七出"。"大戴礼"上记载着——妇有七去：不顺父母者去、无子去、淫去、妒去、有恶疾去、多言去、窃盗去。

叔梁纥对结发多年的施氏虽然恩爱难舍，但为了后代的子嗣问题，也只好忍痛和施氏分开，准备另选一位名门闺秀为继室。他听说曲阜县的颜姓人家有三位少女待字闺中，而且个个才德兼备，于是就

知识链接

黄　河

黄河是我国第二长河，世界第五长河。源于青海巴颜喀拉山，干流贯穿九个省、自治区，流经青海、四川、甘肃、宁夏、内蒙古、陕西、山西、河南、山东，全长5464千米，流域面积75万平方千米，年径流量574亿立方米，平均径流深度79米。但水量不及珠江大，沿途汇集了35条主要支流，较大的支流在上游，有湟水、洮河；在中游有清水河、汾河、渭河、沁河；下游有伊河、洛河。两岸缺乏湖泊，黄河下游流域面积很小，流入黄河的河流很少。黄河的入海口河宽1500米，平均河宽为500米，较窄处只有300米，水深一般为2.5米，有的地方深度只有1.2—1.3米。

※ 浑浊的黄河水

之后,都低头不语;倒是第三个女儿,闺名叫作征在,她年纪最轻,才德也以她为最。她对父亲说:"依照古礼,女孩子在家从父,一切听凭您老人家做主好了。"

颜襄素看到自己的幼女如此善解人意,喜不自胜,于是让媒人转告叔梁纥:他答应了这门婚事。

叔梁纥闻讯兴奋不已,于是择定良辰吉日,迎娶征在为继室,老夫少妻,恩爱异常。

可是,他们婚后很久仍未生育,征在很着急。她向丈夫建议说:"据闻尼山神庙颇为灵验,我们何不前往祈祷,求神保佑,赐我麟儿,不知道夫君意下如何?"

叔梁纥正是求子心切,立刻欣然同意。第二天,夫妇两人斋戒沐浴后,一同驱车前往尼山神庙祈祷。

说来也奇怪,没过多久,征在就怀孕了。叔梁纥为她在昌平乡租了一间屋子,让她在一个安静的环境里待产。

公元前551年,也就是周灵王二十一年的十月庚子日,孔子呱呱坠地了。据说,这一年,原本是滚滚浊流的黄河竟然清澈见底。这是一种祥瑞的异象,也是"圣人出而黄河清"典故的由来。

至圣先师——孔子

幼年孤苦

叔梁纥晚年得子,那份喜悦不难想象。孔子满月的这一天,他大摆喜宴,招待亲友,一时贺客盈门,热闹非凡。叔梁纥把襁褓中的幼儿抱出来让亲友们欣赏,这孩子生得眉宇开阔、三停(注:相学家将人的颜面与身体分为三部,称为上、中、下三停,据此测断一个人整个生命历程中各个阶段的吉凶良厄)平等,而且啼声洪亮,确实不同凡响。由于爱子是秉受尼山灵气所生,叔梁纥当场替他取名为丘,字仲尼。

※尼山脚下的尼山书院

※ 春秋时期祭祀用的器物

这孩子的确有异于常人的禀赋，在他牙牙学语阶段，很多事情一经指点就能领悟，而且永久不忘。

孔子在三岁（注：全书对孔子年龄的计算均按古法，为虚岁）的时候，叔梁纥已过古稀之年。有一次叔梁纥偶感风寒，身体略有不适，不过由于他是练过武功的人，并未把此小毛病放在心上。但他毕竟是上了年纪的人，抵抗力大不如前，病情由轻转剧，于是赶紧请医诊治，无奈为时已晚。从发病起，仅短短几天时间，他就撇下娇妻爱子撒手人寰了。

年轻的征在遽遭此变，痛不欲生。她是知书达理的名门闺秀，虽然这种打击使她哀恸异常，但这个千斤重担还得由她一肩承挑，因此，她不得不强抑悲恸之情，遵礼治丧、安葬，并负起养育子女的责任。

她首先把一家人从陬邑搬回曲阜的故里，由于叔梁纥生前为官清廉，没有留下很多的财富和产业，征在必须克勤克俭，量入为出，才能使一家人不受冻挨饿。

这时候，施氏所生的伯尼已经九岁，由于足部有毛病行走不便，经常受到同龄孩子们的欺凌、侮辱和讥嘲，使得他把上学这件事视为畏途，说什么也不肯再去读书。征在看在眼里，着实同情他，不忍深责，于是索性由自己来教导。伯尼资质虽钝，但对于是非善恶却能了然于心，继母的慈祥关怀使他感激不已，因此格外地恭敬孝顺，对弟弟孔子更是非常地友爱。

伯尼比孔子大六岁，征在教伯尼读书的时候，孔子只好独自一人玩耍。他曾经跟着哥哥去看别人家的祭祀仪式，他专注地观看，牢牢地记在心里。后来他弄来一些小木器，当作祭祀用的器皿，依照记在

至圣先师——孔子

心里的程序,煞有介事地搞起祭祀仪式来。

母亲见他这么好学,心里非常高兴,于是开始教他识字,本来预定要半个月才能学完的进度,他却两三天就都记熟了。没过多久,他就能跟哥哥伯尼在一起读书了。由于他资质聪颖,领悟力又强,记忆力超群,很快连母亲都感到有点无法应付了。寻思再三,征在决定把他送到父亲那里就读。

主意既定,征在就把孔子带回娘家,并向父亲说明原委。颜老先生看到自己的外孙如此聪敏伶俐、活泼可爱,高兴得开怀大笑,欣然答应。他说:"关于礼、乐、书、数这四种,我可以教他,至于御、射两科,我仅知一二,将来恐怕还得另外请教高人。"

征在微笑着说:"父亲!我不想让他长大后去当军人,御、射两科暂时不要教他,就请您把前四种尽心传授吧。"

颜老先生是一位满腹经纶的饱学之士,他最疼爱自己的这位幼女,何况她生下的这个小外孙,是如此地聪明伶俐,不同于一般孩

※ 礼、乐、书、数等六艺浮雕

童,而且好学好问,使得做外公的越看越觉得可爱,决心把自己生平所学悉心传授给这个小外孙。

征在看到老父欣喜的神态,并且愿意倾己所学教导自己的孩子,感动得热泪盈眶,连声道谢不迭。

就这样,孔子每天随侍在外公左右,聆受教诲,不懂的地方立即发问,一经指点,马上领悟,而且永远不忘。光阴荏苒,不出几年,浩繁的卷帙他已读了不少,关于教民安乐、治国平天下的道理已经颇有心得。

有一天,外公对孔子说:"这几年来,你跟着我读书进修,颇有进步。你应该致力于做一个君子,将来你出仕为官的时候,应当近守文武之法,远宗尧舜之道,顺天时,察地理,小则可以致民安乐,大则可以治国平天下,你要切记这一番话。我已经年迈,精力日衰,看不到你日后的成就,只要你本着这一点去做,我也就可以含笑九泉了。"

孔子在十五岁的时候就立志向学,好好读书做一个学者,所以他在外公那里孜孜不倦地勤学不辍。就在他十九岁那一年,外公颜老先生由于年事已高,在一场大病中去世了。孔子悲恸不已,他和母亲在颜家守丧百日,然后回到自己的家里。

知识链接

尧

尧,是中国古代传说的圣王,姓祁,名放勋。因封于唐,故称"唐尧",《尚书》和《史记》都说他名叫放勋。

据传,中国上古五帝之一的唐尧出生于顺平县(原完县)的伊祁山,因此伊祁山就又称作尧山。尧山南有庆都山,传为尧母庆都出生地,庆都逝后葬于望都,望都之名即由登尧山望都山而来。据《史记·五帝本纪》和其他一些古代典籍记载,尧是黄帝的后代,为上古五帝之一的帝喾的儿子,本名放勋。帝喾去世后,放勋的长兄挚继承其帝位,挚在放勋十五岁时,将其封为唐侯。放勋在唐地与百姓同甘共苦,发展农业,妥善处理各类政务,把唐地治理得井井有条,不仅受到百姓的拥戴,而且得到不少部族首领的赞许。可是帝挚却没什么突出的政绩,各部族首领也就亲放勋而疏远挚。帝挚九年,挚亲率官员到唐,将帝位禅于放勋,放勋即帝位,帝号尧,因初封于唐,即以唐为朝代号。这是我国历史上第

一个朝代号,后人称其为唐尧。唐尧即位,顺应了人类文明的发展。他为政勤慎俭朴,定历法,施德政,抗天灾,建国制,选贤能,政绩卓著。

唐尧当政初期,天文历法还很不完善,百姓经常耽误农时,因此尧就组织专门人员总结前人的经验,令羲、和两族掌天文,根据日月星辰运行等天象和自然物候来推定时日,测定了四季,又以月亮一周期为一月,太阳一周期为一年,一年定为三百六十六天。这是有记载的我国最早的历法,奠定了我国农历的基础。尧当政后生活依然非常俭朴,住茅草屋,喝野菜汤,穿用葛藤织就的粗布衣。尧时刻注意倾听百姓们的意见,他在简陋的宫门前设了一张"欲谏之鼓",谁想对他或国家提什么意见或建议,随时可以击打这面鼓。尧听到鼓声,立刻接见来人,认真听取其意见。为方便民众找到朝廷,他还让人在交通要道设立"诽谤之木",即埋上一根木柱,木柱旁有人看守,民众有意见可以向看守人陈述,如来人愿去朝廷,看守人会给予指引。由于能及时听到民众的意见,尧对百姓的疾苦非常了解。尧当政时,发生过严重的水灾,洪水四处泛滥,把山陵都吞没了。他让鲧治水,疏导九河,战胜了洪水。尧执政初期,还没有基本的国家制度,国家只是部落联合体,非常松散,不利于国家的统一管理,所以,尧在积累了一定的施政经验后,开始建立国家政治制度,其中很重要的一条就是按各种政务任命官员,在我国历史上第一次建立了较为系统的政治制度,为奴隶制国家的产生奠定了基础。

尧年老后,为找到继任的贤者,到处寻访,四岳荐舜,谓舜至孝,对迫害他的父亲、继母仍孝顺无二心,与邻里相处和睦。尧以二女嫁给舜为妻而观其内,使九男与其相处观其外,以此考察舜的品行。又"纳于百揆,宾于四门",试验他的才能,最后叫他"入于大麓",让烈风骤雨和虎狼虫蛇考验他的勇气。舜逐一通过了考验。尧放心地把国君之位让给舜,却割舍了不肖之子丹朱,成为历代贤君之美谈。传说尧让位后居养老城(今顺平县阳城)。

奉命成婚

孔子身体非常魁梧、壮硕，这时候已经成长为一个伟岸男子了。做母亲的望孙心切，希望他能早日成婚。孔子本不敢违逆母亲，可是自认年纪尚轻，学识、经验都还不够，准备到各地游历，访求名师以充实自己，于是委婉地对母亲说道："古有明训：男子三十而娶，孩儿年纪还小，想趁此机会出去游历一番，以便增进自己的阅历和学识，何必这么早成婚呢？"

母亲微微叹一口气说道："你的志向可嘉，我无意阻挡你。不过，回想起当年你父亲娶我的时候，业已老迈，他不但无法亲眼看到你长大成人，而且我也度过了许多年的孀居岁月。我想，如果让你先行完婚，我有媳妇陪伴身旁，你则可

※孔子侍亲尽孝堪称典范。图为孔子论孝

以出外访求良师,勤研学问,这不是内外都兼顾了吗?"

孔子一向事母至孝,想到这么多年来,母亲含辛茹苦地操持家务、抚育子女,确实也该有一个人在她老人家身边侍候、代劳,于是回答说:"一切听凭母亲做主好了。"

过了没多久,征在打听到宋国有一位姓亓官的人家,有一个闺女,年龄和孔子相仿,而且才德兼备。征在非常中意,于是托人去说媒。对方听说是叔梁纥的儿子,出身名门,且饱读诗书,立刻答应了这门亲事。

次日就先行举行聘定之礼,然后选定良辰吉日正式迎娶成婚。

第二年,亓官氏生下了一个男孩。这时候,孔子虽只有二十岁,但他的学识已深受人们的景仰,被公认是一位年轻的学者,就连鲁召公都已经知道他的大名了。当孔子喜得第一个男孩后,鲁召公马上派人送来一条鲤鱼,表示祝贺之意。

"鲤鱼跃龙门"的意思是:鲤鱼在湍急的黄河里,可以逆流而上,在水位差距甚大的"龙门"那个地方,如能一跃而过就能变成一条龙。当然,这只是一种传说,绝非事实。不过,在孔子那个时代,鲤鱼确实被认为是一种吉祥的东西。

孔子得到这份殊荣,非常高兴,立刻为孩子取名为鲤,字伯鱼。伯是长子的意思,事实上,伯鱼之后,亓官氏并没有再生下儿子,他是孔子唯一的儿子。遗憾的是,伯鱼资质平庸,不能算是可造之才。

※ 鲤鱼跃龙门

慈母病逝

孔子母亲早年孀居,含辛茹苦地度过了不少寂寥岁月。孝顺的孔子一心想承欢膝下,反哺相报,让母亲享享清福,以尽人子之道。媳妇亓官氏非常贤淑,而且嫁过来的第二年,就替孔家生下一个白白胖胖的儿子。

孔子自己已经有了一份固定的工作,俸禄虽然

※《诗经》

至圣先师——**孔 子**

※ 周人画像

不算丰厚，至少可以使一家人生活无虞。看到母亲含饴弄孙的喜悦之情，孔子也感到无比地欣慰。

当时，表面上是周朝号令诸侯，事实上，周朝已日渐衰微，诸侯间各自扩充势力，彼此明争暗斗，互相倾轧。百姓的日子越来越不好过。孔子向孟懿子建议薄赋税、轻徭役，就是针对当时的情况而提的。

孔子对此深感痛心，他曾说"士而怀居，不足以为士"，这就表示他不以目前的小成就而满足，他要以匡正天下为己任。

这时候，由于多年来的操劳，孔子母亲的健康情况一年不如一年，孔子不忍远离，希望多一点承欢膝下的机会，免得将来抱憾终身。

怎奈天命难违，就在孔子二十四岁那年，孔太夫人一病不起，与世长辞了。正所谓"树欲静而风不止，子欲养而亲不在"，父母之恩，昊天罔极！孔子的哀痛，简直难以言喻。

知识链接

《诗经》

《诗经》是我国第一部诗歌总集，原名《诗》，或称《诗三百》，共有三百零五篇，另有六篇笙诗，有目无辞。全书主要收集了周初至春秋中叶五百多年间的作品。大约在公元前6世纪，《诗经》最后编定成书。《诗经》产生的地域，约相当于今陕西、山西、河南、河北、山东及湖北北部一带，也就是黄河、长江、汉水、渭水流域的广大地区。作者包括了从贵族到平民的社会各个阶层人士，绝大部分已不可考。时代如此之长，地域如此之广，作者如此复杂，显然是经过有目的的搜集整理才成书的。

※ 山东曲阜一角

以往,凡是遇到别人家有丧事,孔子前往吊唁的时候,如果人家招待他吃饭,由于心中悲伤,他往往食不下咽,回家以后,仍然一直闷闷不乐,唱不出歌来。如今,亲人离去,那份悲恸,岂是笔墨所能形容?

依周朝以前的古礼,死者都是土葬,而且父母不合葬在一起,这也许是子孙不忍见到先人腐朽骸骨的缘故。到了周代,就有合葬的风俗了,因为《诗经》上有"死则同穴"这句话。

孔子含悲忍泪把母亲入殓以后,就想将母亲灵柩和先父合葬在一起,这时候却出现了一个难题。当初叔梁纥和征在结婚时,男方已是花甲老人,女方却还只是一个及笄少女,这种婚姻,不合"壮室初笄之礼",所以称之为"野合"。基于这个原因,在叔梁纥病故时,根本就没考虑日后让征在与他合葬。征在可能知道先夫埋骨的地方,但她不敢做此想,也就没有告诉孔子。

孔子一心想让母亲和先父合葬在一起,于是四处托人到故乡陬邑去打听。经过不少的波折,孔子才知道父亲的坟墓是在曲阜东南方二十余里处的防山。孔子赶去一看,只见荒草蔓生,几乎无法辨认。他随即雇人将父亲的棺木起出来,重新挖穴,然后把母亲的灵柩运来与父亲的合葬在一起,最后在墓前竖立一块石碑,以便日后祭祀时可以辨识。

问礼于老聃

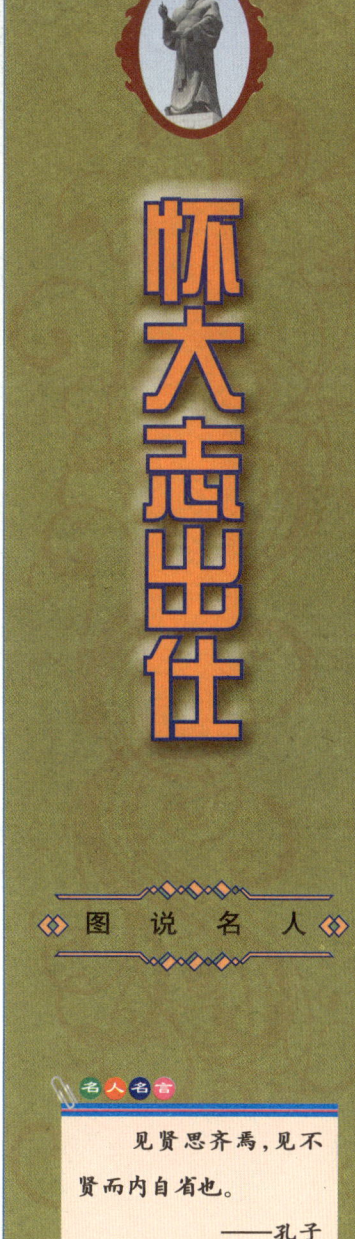

怀大志出仕

图 说 名 人

名人名言
见贤思齐焉，见不贤而内自省也。
——孔子

依中国的古礼，父母死亡后，做子女的必须守丧。服丧期间，不能担任公职，生活上力求节制刻苦，不能饮宴作乐，以示哀悼。

孔子担任司职吏期间，手下有一个刁猾的属员名叫景和，竟敢瞒着上司，暗中舞弊，接受贿赂。事后虽然被发觉而予以处分，但这件事使得孔子感慨万千。他曾叹息着说："正人易欺，我不想做官了。"

孔子在服丧期间，仍不断地钻研学问，并向郯子学习官制，又曾习射于矍相（今山东曲阜城内阙里之西），而慕名前来向他请教的弟子也越来越多。

孔子最景仰的人是周武王的弟弟周公。周公名旦，周朝的文化礼仪制度大半是由周公所创，他后被封于鲁，是鲁国开国先祖。

周公本来可以回到自己的封地鲁国，但是因为武王驾崩时，继位的成王年纪还小，周公不得不以叔父的身份辅佐他。因为这个缘故，周公就让自己的孩子伯禽去治理封地。

伯禽动身去鲁国的时候，周公训勉他说："成王的年纪太小，我这个做叔父的有责任要辅助他。以我的身份、地位来说，无人能及，但是我仍得小心翼翼，在言行上尤其要注意，以免开罪贤士们而受他们的非议。当我正在洗头的时候，如果仆人通报说有客人来访，我就得立刻匆匆忙忙地擦干了头

※ 周公石像

发,赶紧出去接见。有时候,正在吃饭,听说有人求见,我就得把刚送进嘴里的东西吐出来,马上去招呼他们。事后,我仍然要仔细检讨在言行上有没有什么不妥的地方或者招待不周。"

"今后,你回到鲁国去掌理国政,处处得谨慎小心,千万别以为自己身为国君,就骄纵放肆、狂傲悖理。你要礼贤下士,善待百姓才好。"

孔子对周公敬慕、佩服之至,有关周公制定的礼仪、周公的著述等等,孔子无不尽心研究。孔子年轻的时候,就经常梦见周公,可见他对周公的仰慕之情有多深。

服丧期满以后,孔子已经是接近"三十而立"的人了。有一天,他对敬叔说:"我自幼就对周公极为仰慕,很想到周京(周武王开国时,以陕西长安作为京城。周平王的时候,为了躲避犬戎之乱,把京城迁到了河南的洛阳。这里孔子所指即是洛阳)去参观先王的遗址,并考察礼乐的源流,同时想顺便寻访老聃(即老子)。听说老聃博古通今,深晓道德的精义、礼乐的奥旨,足可当我们的师表。不知道你愿不愿意同行?"

按照当时的规定,一般人是不准擅自离开国境的,因为国势的强弱与人民的多寡有关。人民众多,则劳动力多,生产就会增加,一旦遇到战争,兵源也不虞匮乏。基于这个原因,孔子才会把前往周京的意愿向敬叔吐露,并邀他同行。

现在我们来叙述一下敬叔和孔子的关系。当时鲁国有三大公族,孟氏是其中之一。孟氏公族中的孟僖子曾追随鲁昭公左右,颇受宠信。孟僖子临终之前吩咐他的两个孩子孟懿子和南宫敬叔说:"孔子的年龄虽然不大,但他的学识和品德足以为人师表,你们要礼敬他,

常常去向他请教，对你们一定有很大的益处。你们要牢牢地记住我的话。"

由于这一层关系，所以身为贵族的孟氏兄弟对孔子待之以师礼。

而孔子也认为敬叔、孟懿子都是贤士，因此常常相约偕游，尤其是和敬叔之间的感情，更是日益深厚。

敬叔听孔子这么一说，立刻欣然同意，但是出国的事必须先禀明

知识链接

古都洛阳

洛阳位于河南西部，是我国"八大古都"之一，是国务院首批公布的历史文化名城。洛阳因地处古洛水之阳而得名。以洛阳为中心的河洛地区是华夏文明的重要发祥地。中国古代伏羲、女娲、黄帝、唐尧、虞舜、夏禹等神话，多传于此。夏太康迁都斟鄩，商汤定都西亳；武王伐纣，八百诸侯会孟津；周公辅政，迁九鼎于洛邑。平王东迁，高祖都洛，光武中兴，魏晋相禅，孝文改制，隋唐盛世，后梁唐晋，相因相袭，共十三个王朝。汉魏以后，洛阳逐渐成为国际大都市，隋唐时人口百万，四方纳贡，百国来朝，盛极一时。洛阳在历史上相当长的时期内，曾经是我国政治、经济、文化的中心，亦是道路四通八达的交通枢纽。

西周初期，在中国建立了第一个大公路网，洛阳是其中心，驰道驿路，其直如矢，无远不达；隋唐大运河上，舳舻相接，帆影联翩，从洛阳东达于海，西至关陇，南下苏杭，北朔幽燕；以洛阳为东端起点的"丝绸之路"，可以直驰地中海东岸，明驼宛马，络绎不绝。洛阳是文化的读本，中华民族最早的历史文献"河图洛书"就出自洛阳，被奉为"人文之祖"的伏羲氏，根据河图和洛书画成了八卦和九畴。

从此，周公"制礼作乐"，老子著述文章，孔子入周问礼，班固在这里写出了中国第一部断代史《汉书》，司马光在这里完成了历史巨著《资治通鉴》，著名的"建安七子""竹林七贤""金谷二十四友"曾云集此地，谱写华彩篇章，左思一篇《三都赋》，曾使"洛阳纸贵"……以洛阳为中心的河洛文化和河洛文明，成为中华文明的重要组成部分。

鲁君才行。

鲁君素知敬叔是个贤臣，孔子又是一个勤勉好学的贤士，对于他们准备出国游历的事欣然同意，并且赐马两匹、车一乘以壮行色。

从鲁国到洛阳，虽然只有几百里的路程，但是古代的交通不像现在这么便利，大多是靠步行。孔子他们虽然获鲁君赐赠车辆，不过，当年的车辆构造非常简单，在崎岖不平的道路上行走依然十分辛苦。孔子一行，在经过不少时日的颠簸后，终于抵达了洛阳。

洛阳是周朝的首都所在地，由于周朝已日渐衰微，所以洛阳已不若往日的繁华。不过，一切文物、典章依然存在，因为中国的文化发源于黄河流域，洛阳毕竟是一个文化中心，而且历史悠久，保存着极为丰富的文化宝藏，许多的学者、乐师等也都汇集在这里。

孔子和敬叔到达洛阳后，看到了巍峨的建筑、宽阔的马路，这是他们从未见过的。当他们在旅店安顿下来后，就迫不及待地到各处去参观。他们去瞻仰的地方，如同今天的图书馆和博物馆等，里面陈列着各种典籍。当年还没有纸张，因此没有所谓的书本，只是把文字刻在竹简上，将一片片竹简连缀成册，其中包括历史的记录，有医药、天文、农耕等等，数量之多令人惊讶。

令他们印象最深刻的是"明堂"的建筑。所谓"明堂"是周王在位时接见各国诸侯的地方。这座建筑宏伟异常，在正殿的四周墙壁上，绘有古圣天子尧、舜的画像，也有暴君桀、纣的画像。他们的仁政及暴政

洛阳

至圣先师——**孔 子**

都记录在上面,目的是让后人有所借鉴。

在正殿中央的墙壁上,绘有周公辅助年幼的成王接受诸侯朝拜的情景。幼主受到周公的辅佐,施行善政,奠定了王朝的国基。孔子看了以后,不禁肃然起敬,周公的伟大愈发使他感叹不已。

接着,他们又亲眼见到许多先王、周公等圣人遗留的青铜制的鼎、壶以及祭祀用的各种器皿,雅致庄严。孔子和敬叔一边缅怀古圣先贤的遗迹,一边慨叹着周室的日渐衰微,

※ 青铜鼎

知识链接

老 子

　　老子,姓李名耳,字聃(音dan,一声),汉族,楚国苦县(今河南周口鹿邑县)人,西周末年武丁朝庚辰二月二十五日卯时诞生,是我国古代伟大的哲学家和思想家,道家学派创始人,世界文化名人。老子又名老聃,相传他一生下来就是白眉毛白胡子,所以被称为老子。老子生活在春秋时期,曾在东周国都洛邑(今河南洛阳)任守藏史(相当于现在的国家图书馆馆长)。他博学多才,孔子周游列国时曾到洛阳向老子问礼。老子晚年乘青牛西去,并在函谷关(位于今河南灵宝)前写成了五千言的《道德经》(又名《老子》),最后不知所终。

　　《道德经》含有丰富的辩证法思想,老子哲学与古希腊哲学一起构成了人类哲学的两座高峰,老子也因其深邃的哲学思想而被尊为"中国哲学之父"。老子的思想被庄子所传承,并与儒家和后来的佛家思想一起构成了中国传统思想文化的内核。道教出现后,老子被尊为"太上老君";从《列仙传》开始,老子就被尊为神仙。从汉代起,历代帝王就开始到河南鹿邑去祭拜老子。《道德经》的国外版本有一千多种,是被翻译语言最多的中国书籍。

　　老子的思想主张是"无为",老子的理想政治境界是"邻国相望,鸡犬之声相闻,民至老死不相往来"。

　　《老子》以"道"解释宇宙万物的演变,以为"道生一,一生二,二生三,三生万物","道"乃"夫莫之命(命令)而常自然",因而"人法地,地法天,天法道,道法自然","道"为客观自然规律,同时又具有"独立不改,周行而不殆"的永恒意义。《老子》书中包括大量的朴素辩证法观点,如以为一切事物均具有正反两面,"反者道之动",并能由对立而转化,"正复为奇,善复为妖""祸兮福之所倚,福兮祸之所伏"。又以为世间事物均为"有"与"无"之统一,"有无相生",而"无"为基础,"天下万物生于有,有生于无""天之道,损有余而补不足,人之道则不然,损不足以奉有余""民之饥,以其上食税之多""民之轻死,以其上求生之厚""民不畏死,奈何以死惧之"。其学说对中国哲学发展具有深刻影响,其内容主要见《道德经》一书。他的哲学思想和由他创立的道家学派,不但对我国古代思想文化的发展作出了重要贡献,而且对我国两千多年来思想文化的发展产生了深远的影响。

至圣先师——孔子

※ 巨大的老子石雕像

两人流连徘徊,不忍离去。

第二天,他们又去太祖后稷庙参观。在庙前的石阶上竖立着一个大小和真人相同的金属制的人像,该人像的嘴巴上用三根钉子封着,在人像的背上刻有"古之慎言人也,戒之哉"几个字。

孔子回过头来对敬叔说道:"古圣先贤们都以'言不顾行'为耻辱,因此训诫人们要三缄其口,出言必须绝对谨慎,我们应该多体会这句话才行!"

孔子和敬叔在各地参观告一段落以后,就一同去拜访仰慕已久的老聃。

当时,老子担任保管文物兼记录历史的吏官,是一位极具名望的大思想家。

孔子那时候才三十岁,而老子的年龄却比孔子大了一倍有余。孔子的思想当然较为积极,老子则是消极而厌世的。从他们初次见面时的一段谈话里就可以看得出来。

孔子首先以充满自信的口吻,向这位前辈叙述自己的抱负,他说:"我看现在的风气一天天地败坏,人人只图利己,不肯行正道,若要拯救这种颓风,除了恢复古圣先贤的礼教外,恐怕没有其他的途径可循了。不知道老前辈意下如何?"

孔子这一席话,积极热情有余,却不免略显急躁和自负。因为他毕竟是满怀救世襟怀的壮年男子，在求知和修养方面，还需要有更宽广的胸襟以及在精神、内涵方面作更深一层的审察。老子虽然较为消极，但他对于人民的疾苦，确实深为同情；对文明的崩坏，也极表关切。

孔子叙述时，老子不时摇头，表示并不赞许他的意见。当孔子讲完，等待老子的回答时，老子却慈祥、诚挚地告诉他说："你所说的古圣先贤，早就物故，就连骨头恐怕都已腐朽成灰了，只不过留下一些话而已。你的理想固然没错，可是时代不同了，古人所谓'良贾深藏若无。君子盛德，容貌若愚'就是说一个善于经商的生意人，他不会把所有的货品都摆出来亮相，他只陈列出一小部分，看起来好像存货不多的样子。同样的道理，一个具有良好德性的君子，在外貌上看起来，也好像有点愚鲁。"

"因此，我奉劝你，千万不可带有骄气或操之过急，否则，白白耗费你的时间和精力而不会有什么结果。我能告诉你的仅此而已，你自己参酌吧。"

老子的这番训诲，对孔子来说确实获益匪浅。后来，孔子对自己的弟子们说："我们都知道鸟善飞，鱼善游，兽善走。善走的兽类可以用网罟或兽夹来捉它，善游的鱼儿可以用钓钩来钓捕它，善飞的鸟类可以用弓箭来射它，唯有乘风云而升到天上的龙，却奈何它不得。自从我见到老子以后，我觉得他就像龙一般的人物。"

孔子对老子非常地佩服，因此经常去向他请教。有一次，孔子和敬叔再度去拜访老子，他首先请教说："久仰先生博古通今，精研礼乐和道德，还请不吝赐教。"

老子说："二位远道前来，以礼乐和道德之事相询，说来惭愧，我对礼和道德，略知一二，至于乐嘛，自从尧、舜、禹、汤、文武、成康，直到现在，古乐和今乐，不知道一共有多少。乐是宴飨时所必备，我不是乐官，没有深入地研究，不敢随便应付。我有好友名叫苌弘，他的祖先都是历代的乐官，他本人现在就是王朝的乐官长，以后有机会，我可以为你们引见，你们可以直接向他请教。"

孔子拱手作礼道："多谢前辈指点。敢问现今的礼，何以不及古礼？"

老子微微叹了口气，说道："周公辅佐成王所制定的古礼，在西周隆盛时，上下遵守，无敢不从。自从东周以来，王室衰微，以致诸侯争霸，各自称雄，古礼日渐泯没，如今已不堪闻问了，令人

兴叹！"

孔子继续问道："我们对于各种礼制，未经名师指导，不能融会贯通，还请夫子指点一二。"

"讲到礼制的问题，关系可真大得很呢。从前的禹、汤、文、武、成王、周公都是在位时秉礼，所以治道隆盛；而幽王、厉王由于在位时不能秉礼，以致遭殃。由此看来，礼制关系到一个国家的治乱兴衰，怎能不加以警惕？

"古代的圣王承天道以治人情，奉魔神以设教，故而制定了郊社（祭天地）、禘尝（禘是祭的意思，春曰祠、夏曰禘、秋曰尝、冬曰郊）、馈奠（祭神的献物）、射飨、食飨等等礼制。"

孔子不解地询问说："何以鲁国不行郊礼？"

老子告诉他说："鲁国遵奉周公遗制，冬至是不举行郊祭礼的。"

"请问郊社的意义是什么？"

"简单说来，郊祭天，社祭地。若要详细叙述，却很复杂。古代帝王的郊祭，乃是祀祖以配天，因为万物本乎天，人本乎祖。郊祭的意思是报本反始，所以配上天，必定在冬至一阳生日举行。

"郊祭是在冬至月上辛日；社祭则行之于惊蛰月份，目的是祈祷农事丰收，称大郊祭，选定于南郊筑坛，名为'圜丘'，另外还有天坛、泰坛等别名。至于所用的牲畜，郊祭用的牛，必须先豢养三个月；而社祭后稷所用的牛，临时找一头来就可以了，这也就表示祭祀天神与人鬼有所不同。在举行祭祀以前，必须先把圜丘整理得清洁整齐，祭祀的器皿是用陶匏，郊礼是用象天数，社礼是用象地数，这些是天子的祭礼，一般诸侯是不能僭用的。

"天子举行郊祭，必须先行卜郊礼，要先到祖庙去祝告受命，其次是告祢宫（亲庙）以做成卜占休咎的龟甲，这是为了表示尊敬祖先的意思。

"卜筮的那一天，天子要亲立于泽宫（习射的地方），接受卜官缮正的祭天誓命。卜礼完毕后，供献誓命于库门，并命令百官都要先行斋戒，以示慎重。

"郊祭的当天，穿凶服（送死者衣服）的不准进入国门，遇有丧事的亦不准哭。途经的道路必须先打扫清洁，闲杂人等不许随便走动。天子则身披大裘，乘坐没有华饰的素车，前面有十二面绣着龙章日月的旌旗作为前导，这是象天文的意思。抵达泰坛后就下车，换上祭天的衮服，头戴十二旒的平天冠，这是象天数的意思。然后是献爵（爵是饮酒器，金属制，有三只脚）上首，燔柴（积薪于上，取玉及牲置柴上烧之）读祝祷文。

"郊、社礼是敬祀上帝神明，禘尝礼是敬祀昭穆祖先，始自虞舜；馈奠礼是敬死丧；射飨礼是敬乡党；食飨礼是敬宾客，不可混淆。"

孔子接着说："以前我在家乡的时候，曾听郯子说过：'居家有礼则长幼分，闺门有礼则三族和，朝廷有礼则官爵尊，田猎有礼则戎事闲，军旅有礼则武功成。'如果这五样统统无礼，将会怎么样呢？"

老子回答道："若是居家时长幼不分、闺门亲族失和、朝廷中官爵失序、田猎失策、军旅失势、宫室失度、鼎俎失象、百官失体、政事失勤、动静失宜的话，就如同瞎子没有人搀扶，胡乱瞎闯，又好比一个人在昏暗中摸索，会弄得进退失据，手足不知所措，那可危险得很哩！"

老子知道孔子是一个虚心求知的年轻学者，因此，对于他的发问，都不厌其详地予以阐释，可谓知无不言，言无不尽。当孔子向他辞行的时候，老子又语重心长地对他说了下面一番话："大凡有钱人为别人送行时，多半是赠送钱财；有道德学问的人为别人送行时，则赠他几句话。我不是一个富裕的有钱人，只不过徒负一些学问、道德的虚名而已，姑且就以几句话作为临别赠言吧。我们第一次见面的时候，我不是曾经跟你说过吗？古人已经死了，连尸骨都已腐朽成灰，他们遗留下来的，只是几句话而已。我知道你一直在钻研古人的东西，希望你切勿一味地死守着那些话，应该加以活用，因为时代不同，情况有异，我想你也许懂得这层道理的。

"此外，世间有很多聪明才智之士，他们能洞察人心，却往往招来杀身之祸，这是因为他们喜欢批评别人的是非，好管闲事的缘故；又有一些滔滔雄辩、头脑灵活的人，他们也会惹来烦恼，甚至难以保身，这是为什么呢？因为他们喜欢谈论别人的长短，揭发他人的隐私所致。

"所以，在家的时候，要尽量养生孝亲；出来做官的时候，要尽忠职守，施行仁政，善待百姓。进于君主的诤言，能采纳当然最好；如果不被采纳，那就算了。听则仕，不听则退。我所要说的，也就是这些了。"

孔子感激不已地稽首作别，他说："承蒙夫子指教，我当铭记在心，终身不忘。"

至圣先师——孔 子

学乐于苌弘

孔子和敬叔依照老子的指示,来到苌弘的处所登门造访,并告以老子介绍的经过。门人进去通报后不久,苌弘亲自出迎,延请两人入内。

宾主坐定,经过一番寒暄,孔子首先把乐的问题提出来向他请教。

苌弘谦逊地笑着说:"我自忖才疏学浅,如果有问无答,岂不是当场出丑?"

※ 孔子访苌弘

"哪儿的话，我们久慕大名，何必客气？乐府浩如烟海，先生博大精通，还请不吝赐教。"

"那只有就我所知，为二位略作阐述了。"

孔子神色庄重、态度诚恳地请教说："武乐的意旨深奥，我很愚鲁，不明其究竟，请问'武之备，戒之久矣'这句话是什么意思？"

苌弘答道："武王深恐士众不能持久敬服他，因此，作此乐歌以警戒大众。"

孔子又问："所谓'发扬蹈厉之已蚤（蚤，早也）'是什么意思？"

苌弘答道："这是说，凡事要不先不后，到适当的时候才去做的意思。"

孔子问："那么'声淫及商'又是什么意思？"

苌弘答道："这一句话不是武音。"

孔子问："我再请问，'迟矣而又，久立于缀'是什么意思？"

苌弘答道："这两句话需要多加一番解释。所谓武乐都是表彰周灭殷纣的功绩，前面一句'迟矣而又'是说灭纣成功的迟缓；后面一句'久立于缀'是说武王统率大军如同高山一般屹立不动，而会合诸侯于孟津。

"武乐共计有'六成'：初成出兵伐纣；再成灭商；三成开国；四成南国诸侯蹄附；五成分陕而治；六成歌颂天子。这是武乐之大成。"

孔子问："武乐与韶乐，哪一种比较好？"

苌弘答道："武是武王的乐名，韶是虞舜的乐名。若以他们两人的功业而论，舜是继尧之后治理国事，武王则伐纣以救民，可以说不分彼此。"

"不过，就乐论乐，韶乐的声容宏盛，字义尽美；武乐的声容虽美，但歌调较为晦涩，稍逊于韶乐。"

"总体来说，武乐尽美却不尽善，唯有韶乐可称得上尽善尽美。"

这一番理论是孔子前所未闻的，因此喜不自胜，向苌弘深深地作礼道别。

事后，苌弘在别人面前夸赞孔子说："从鲁国来的孔子，生得一副异相，他河目（目眶上下平而长）隆颡（额头突出），很像黄帝；修肱（臂长）龟背（曲背像龟）。他言谈之间，总是称颂先王、赞扬古人，而且他的态度谦逊，博学多能，简直是无所不识，无所不通，他具有圣人的仪表，可说是圣人再世。"

知识链接

黄　帝

黄帝姓：姬，公孙。

名：轩辕。

历史身份：华夏部落联盟首领。

神话身份：神界中央天帝。

妻子：黄帝有四妃十嫔。正妃为西陵氏，名嫘祖，她教人民养蚕缫丝，织出丝绸做衣裳，故有"先蚕"的称号。次妃名嫫母，长相丑陋，但德行高尚，深受黄帝敬重。

臣属：炎帝、应龙、风伯、雨师、天女、仓颉、风后、伶伦等。

子孙：帝共有二十五个儿子，其中十四人被分封得姓。这十四人共得到十二个姓，它们是：姬、酉、祁、己、滕、葴、任、苟、僖、姞、儇、衣。而少昊、颛顼、帝喾、唐尧、虞舜以及夏朝、商朝、周朝的君主都是黄帝的子孙。

黄帝同炎帝并称为中华民族的始祖，黄帝是华夏部落联盟首领。他以首先统一中华民族的伟绩而载入史册。相传他播百谷草木，大力发展生产，创造文字，始制衣冠，建造舟车，发明指南车，定算数，制音律，创医学等，是开创中华民族古代文明的先祖。传说远古时代华夏民族的共主，黄帝为五帝之首。

黄帝诞辰：黄帝的诞辰是农历三月初三，即上巳节，是汉族水边饮宴、郊外游春的节日。中国自古有"二月二，龙抬头；三月三，生轩辕"的说法。

黄帝出生地：《史记·五帝本纪》记载："黄帝者，少典之子，姓公孙，名轩辕，黄帝居于轩辕之丘。"至于具体出生地点，史学界并没有统一的观点。古为有熊国都城，其父少典为有熊国国君，但也有个别人认为在其他地方。

传说一：

黄帝出生于中国西北黄土高原的沮源关降龙峡。传说黄帝的母亲是黄土高原上的一名少女，一天傍晚（也有说是夜晚）突然看见北极光，然后就怀孕，生下了黄帝。

传说二：

黄帝生于山东省曲阜市附近。据古史记载"黄帝生于寿丘"，"寿丘在鲁东门之北"，而寿丘位于曲阜城东四千米的旧县村东。

鲁乱去齐

孔子和敬叔在洛阳游学,本想多逗留一些时日,以便有更充裕的时间去研究周代的文物、遗风,以及有更多的机会去向那些学者专家们请教。怎奈他离国的时候,就已经看出三桓(鲁国的大夫孟孙、叔孙、季孙都出自鲁桓公,故称三桓)各自培植私党,跋扈弄权,彼此明争暗斗,鲁君的势力早就衰落不振,国势岌岌可危。这使得他忧心忡忡,仅仅在洛阳逗留了不到一年,就束装回国了。

当年能够到周京去的,除了君王的使者或商贾

※孔子曾到历史文化名城洛阳游学,图为现在洛阳白马寺一景

※ 流传至今的八佾舞

人士以外，极少有人能有这样的机会；至于专程去游学的，更是绝无仅有。孔子偕同敬叔赴洛阳游学，曾经受到鲁昭公颁赐车马的殊荣，此次回国，当然得到君主那里去复命。

鲁昭公见到这位年轻的学者仪态出众、神色庄严，询及游学的经过及心得时，孔子应对得体，鲁昭公对其赞赏不已。从此孔子不仅是乡里的学者，更是名满全国的大学者，因此慕名前来求教的弟子日益增多。弟子中，固然平民居多，但贵族阶级亦不少，不论贵贱贫富，孔子一概接纳。他的宗旨是"有教无类"。

据说孔子的弟子总共有三千人之多，这是指他一生中所收的弟子的总数而言。事实上，以当时的情形，一个私人学塾不可能具有像今天学校这样的规模。

这时候的鲁国内部，由于三桓专横，各自扩充实力，鲁国的国君已形同傀儡。三桓中以季孙氏的季平子最跋扈。举一件事例，可见一斑。

季孙氏曾在自己的庭院里举行八佾舞，这原是天子专用的礼乐，季平子竟敢僭用，其骄横大胆，可想而知。孔子为了这件事，曾感叹地说："是可忍也，孰不可忍也！"

季平子的骄狂跋扈，当然会引起

知识链接

八佾舞

"八佾舞于庭",语出《论语·八佾篇》。八佾是奏乐舞蹈的行列,也是表示社会地位的乐舞等级、规格。一佾指一列八人,八佾就是八列六十四人。按周礼规定,只有天子才能用八佾,诸侯用六佾,卿大夫用四佾,士用二佾。季氏是正卿,只能用四佾,他却用八佾。孔子对于这种破坏周礼等级的僭越行为极为不满,因此,在议论季氏时说:"在他的家庙的庭院里用八佾奏乐舞蹈,对这样的事情也能够容忍,还有什么事情不能够容忍呢!"

周礼规定的等级制度是为了稳定社会,也确实稳定了数百年之久。到春秋末期礼崩乐坏的时代,有些有权有势的卿大夫敢于僭越周礼,自行其是,越制享受,这表明周天子已经失去权威性,失去控制诸侯、卿大夫的实际能力。孔子维护周礼,是为了社会稳定,但他维护不了,因礼崩乐坏乃大势所趋。孔子以后,社会就进入几百年战乱的战国时期。

别人的嫉妒和怀恨,这些人就常在鲁昭公面前数说季孙氏的罪状。鲁昭公也实在是忍无可忍了,就在这些反对者的怂恿下,决心予以惩罚。

公元前517年9月,鲁昭公亲自率军前去讨伐,季平子未曾料到鲁昭公有这一招,仓皇间溃败而逃。

三桓中的孟孙氏和叔孙氏,本来对季孙氏的势力日益强大心生嫉妒,但是当他们看到季孙氏即将被击溃时,不免有兔死狐悲之感,因此,三桓联合起来对抗朝廷,这么一来,胜败之势可想而知了。

鲁昭公狼狈地带着弟弟和三个公子以及少数亲信逃往邻近的齐国

※ 鲁昭公

至圣先师——孔子

去了。

当时，孔子三十五岁，他平时教导学生们要"君君臣臣，父父子子"，如今看到君主被国内的权臣所逐，心中十分难过。他一心想让国君重返国门，以恢复政体。于是打算到齐国去走一趟，计划在齐国展开他的政治活动。

齐国和鲁国毗邻，也是在山东省，当时是东方的大国，那里土地肥沃，物产丰富，而且有渔、盐之利。在齐桓公时代，齐国有一位杰出的政治家管仲，经过他的整顿治理，使得齐国成为春秋时代的一等强国。如今是齐景公当政，他手下的晏婴也是一位了不起的政治家，以力行节俭而闻名，因此，政局安定，富庶繁荣。

知识链接

五　岳

中国五大名山的总称，即东岳泰山(在山东，海拔1524米)、南岳衡山(在湖南，海拔1290米)、西岳华山(在陕西，海拔2154.9米)、北岳恒山(在山西，海拔2017米)、中岳嵩山(在河南，海拔1440米)。古代帝王附会五岳为群神所居，在诸山举行封禅、祭祀盛典。"五岳"说始于汉武帝。唐玄宗、宋真宗封五岳为王、为帝。明太祖尊五岳为神。汉宣帝定的五岳中以安徽省天柱山为南岳，河北省曲阳的恒山为北岳，后始改以湖南省的衡山为南岳，隋以后成为定制。明代又以山西省浑源县的恒山为北岳，清代移祀北岳于此。五岳均有寺庙名胜多处。

魏晋南北朝时期，佛教和道教开始在五岳修建佛寺、道观，进行宗教活动，每个"岳"均尊奉一位"岳神"(或称"大帝""神君"等)作为掌管该岳的最高神祇。这几座山上的天然风景亦逐渐被开发出来，供朝山信徒游览。于是，五岳又成为中国以山岳自然景观之美而兼具佛、道人文景观之胜的风景名胜区。唐宋以前，五岳大抵是佛、道共尊，寺、观并存。宋以后，佛教和道教各自依靠政治背景和社会势力彼此展开争夺。到明清时期，南岳、北岳和中岳仍保持着佛、道共尊的局面，东岳和西岳则以道教势力为主，成为中国道教的中心。

孔子把自己的家属略作一番安排后，就率领颜回、子路等十几名弟子向齐国进发。

中国五岳之一的泰山就位于鲁国与齐国之间。当孔子等一行人路过泰山附近时，看到一位少妇跪在一座坟前，悲悲切切地啼哭，听来非常凄惨。在这个人迹罕至的荒郊野外，一个单身女子在此悲啼，自然引起了孔子的注意。他叫子路前去询问，子路奉命走了过去，以关切而同情的口吻问那妇人："你有什么伤心事，独自一人在此荒郊野外哭哭啼啼的？这里虎狼出没无常，你不害怕吗？"

那妇人抬起头来，满怀感激地诉述道："谢谢你的关心，前不久，我的公公和我的丈夫都被老虎咬死，没想到，我唯一的儿子，昨天也被老虎咬死了。我已无依无靠，怎不令人伤心？"说完，又哀痛地泪流不止。子路不免好奇地问道："既然你的公公和丈夫都曾经被老虎咬死，那你就该搬离这个危险的地方，如此不就可以保住你的儿子了吗？"

妇人回答说："我住的地方虽然常有虎狼出没，可是这里的政治清明，没有贪官污吏来扰民，所以，我一直不想搬走。"

子路把妇人所说的话，一五一十地向老师报告，孔子慨叹地告诫弟子们说："你们要记住，对老百姓来说，暴政比老虎更可怕。你们将来如果出仕为官的话，一定要施行仁政，善待百姓啊！"

孔子一行人继续前进，越过了泰山以后，就抵达了齐国的临淄。齐景公早已接到报告，所以就先派人在临淄等候。五年前，也就是孔子三十岁的时候，齐景公和晏婴到鲁国访问时，已经和孔子见过

※ 五岳之首——东岳泰山

至圣先师——孔子

※ 孔子

面了。当时齐景公曾经问孔子说："从前的秦国，幅员不大，又地处偏僻，何以能够称霸一方呢？"

孔子恭敬地回道："秦国的幅员虽然不大，可是他们的人民都很有志气，地方虽然偏僻，可是他们政治清明，立法无私，令出必行。再说，秦穆公礼贤下士，能够任用贤人。就拿百里奚来说，他只不过是一个牧牛的人，秦穆公和他交谈

之后，发现了他的才干，就破格拔擢，让他执政。他出任宰相七年，终于使秦国称霸。秦国之所以富强，绝非偶然。"

齐景公自从听了孔子这番话以后，立即对他刮目相看。此次鲁昭公出逃到齐国，由于两国存有姻亲的关系，所以，齐景公对鲁昭公非常照顾，现在听说孔子前来齐国，赶紧派大夫高昭子前往迎接。高昭子是齐国元老高国仲的长孙，当年随同景公访鲁时，就已经和孔子相识，他对孔子礼敬有加，并结为至交。

旧友相逢，倍增亲切，但孔子因国君有难，心事重重。高昭子告诉孔子说，鲁昭公在齐国已得到妥善的安置，请他放心，并于当晚为孔子设宴洗尘。

由于好友高昭子的大力推荐，齐景公很快接见了孔子。一开始，齐景公就向孔子询问为政之道，孔子直言不讳地说道："君王要像个君王，臣子要像个臣子；父亲要像个父亲，儿子要像个儿子。各自的地位不可紊乱，才能够保持稳定，这是为政的根本。"

孔子这几句话，严正而带有警示的意味，他是针对时弊而发的。当时的齐国，本来由崔氏和庆氏两家专权揽政，后来两家交恶，崔氏失势了，从此便是庆氏独家专权。没有多久，

庆氏内部不争气，发生内讧，却被田氏所取代，从此，齐国的实权就操纵在田氏之手，这种情形就和鲁国的三桓一模一样，齐景公同样是徒具虚名而已。

接着，齐景公又问道："除了以上几点外，还应该注意些什么？"孔子说："在于节财。"

这也是针对齐国的奢靡浪费、赋税太重而说的。因为齐国的海岸线很长，物产丰富，盐的产量尤其多，单单是盐的公卖收入就已经很可观了。但是，齐景公仍嫌不足，还要向人民征收重税，弄得人民叫苦连天，怨声四起。

只要能够厉行节约，就可减轻人民的赋税。孔子的这句话含有诤谏、讽刺的意味。齐景公频频夸奖孔子的这一番为政之道，却不知道这正是针对齐国的时弊而发。齐景公到底不是一个能够反省检讨的贤君，孔子对他不免感到有点失望。

当时齐国的宰相是晏婴（晏平仲），他和邻国的子产（公孙侨）、吴国的季子（季札）等被称为"三贤"。晏婴和高昭子一起到鲁国去报聘的时候，就已经认识了孔子。晏婴与人交往，很重情义，深受人们的尊敬，孔子曾经赞誉说："晏婴与人交，久而敬之。"

晏婴这个人机智，口才又好，只是他的身材矮小，只有六尺余（古代的尺较现在短，他的身高大概只是孔子的三分之二）。"晏子使楚"的故事说的正是他。

正是因为齐国有高昭子和晏婴这两位老朋友，所以孔子才会到齐国来，并希望能够在齐国施展自己的政治抱负，并协助鲁昭公返国，恢复过去的秩序。

孔子处处讲究一个"礼"字，礼就是一种秩序，这种秩序不能颠倒，不能紊乱。所谓"君君臣臣，父父子子"，各守其位，各尽其责，才能使社会、国家稳定。鲁国就是由于三桓专横，逼得鲁君出走。想不到齐国也是如此，孔子当然会感到失望。

另外还有一个使得孔子决心离开齐国的重要因素，那就是老友晏婴对他的嫉妒和排挤。

政治是现实而残酷的。晏婴固然是机智而富辩才，但就学问、才德来说，他自知远不如孔子。他看到高昭子一再地在齐景公面前夸奖孔子，深恐齐景公重用孔子而冷落了自己，心中不免起了妒意，因此常常在齐景公那里批评孔子。

晏婴是一位非常节俭的人，一件狐裘居然穿了三十年之久，其俭朴可想而知。他对孔子的批评倒也不完全是无的放矢、故意构谗，

至圣先师——孔子

听起来似乎头头是道,言之成理。他说:"孔子一味地拘泥于古法,处处讲求一个'礼'字,例如,丧葬时主张铺张、厚葬,这简直是浪费。他更崇尚礼乐,认为唯有如此,才能恢复到周公时代那种理想的社会。其实,这些只是不切实际的空谈和幻想,绝对难以实现,徒然增加困扰。"

孔子当然也能体会到他当时的处境,知道自己在齐国是无所作为了。虽然齐景公对他仍然很赏识,想要把尼溪之田赏封给他,他却婉言拒绝,准备束装回国。

齐景公慨叹地说:"我已年迈,欲振乏力,实在是爱莫能助!"

不过,孔子在齐国期间,也有其他方面的收获,值得一提。

其一是,高昭子对他的友谊一直令他感激不已。高昭子曾经有一次对孔子说:"您一心想辅佐鲁君,尊周室、攘夷狄,小则霸诸侯,大则王天下。这种理想固然伟大,值得钦敬,无奈目前的时势,由于三桓专权,结果使得鲁君出奔,现在由季孙氏拥立新君定公继位,可怜的定公毫无实权,只是主管一些祭祀之事,徒具国君的虚名而已。

"若就您的先祖而论,宋才是您的祖国,可是,自从襄公以来,宋国的国势比鲁更弱,更没有作为。据我看,您若想成就功业,以齐国最为合适。自从管仲相桓公而称霸以来,国势日强,府库充足,若能辅佐齐景公以图霸业,可谓易如反掌,请您多加考虑。"

孔子极为感动地回道:"管仲是个仁人,他主张尊周室、攘夷狄,最难得的是,他能不以兵车,相桓公九合诸侯,一匡天下,受到万民称颂。如果没有管仲,或者管仲未遇鲍叔这位知音,桓公就不会任用管仲,也就成不了霸业,那么,周朝的天下就成为夷狄的天下,那时候,我们只好披发左衽,变成夷狄的百姓了……"

※ 晏子使楚

孔子的内心有很多感慨，他没有再说下去，就以别的话题岔开了。但他对高昭子的友情，始终铭刻在心。

其二是，有一次，吴国派季札到齐国报聘，高昭子曾替他们引见，孔子向季札请教韶乐方面的事。孔子说："我到齐国以后，亲自听到韶乐的演奏，确实优美无比、尽善尽美。可是，有一件事，我始终深感不解，务请指教。"

季札道："不敢当，只要是我懂得的，一定知无不言，言无不尽，请说吧。"

"请问，韶乐在前，武乐在后，武王为什么不仿效韶乐，却偏偏制作那种声容不大、歌意晦涩的武乐呢？"

"这是由于他们的处境不同所致。当年唐尧把自己的女儿嫁给舜，后来又把天下禅让给他。所以舜一直是处于顺境，他发明五弦琴，制作《南风歌》，不仅声容宏大，而且歌中充满快乐，后人听了韶乐，就能想象出他盛德化民，如同泉水般潺潺而流。

"至于武王呢，他出兵伐纣时，军中带着文王的木主（牌位），在行军途中，孤竹君的两个儿子伯夷、叔齐拦马谏诤说，做臣子的不可以伐君。他们的意思是不希望武王建立逆理的功业。纣的暴虐无道，固然可恨，但是武王仍然脱不了以臣伐君的批评。

"在武王来说，他当时是处于逆境，在这种情况下，作乐记功时，就不便过分张扬自己的功德及描述殷纣的罪恶，因而变成吞吞吐吐、曲折难解，令人感到晦涩的武乐了。"

季札这一番剖析，真是精辟无比，孔子再三称谢不迭，因此在齐专心学习韶乐。孔子完全陶醉在韶乐的优美旋律之中。正如《论语》上说，孔子在齐闻韶，三月不知肉味。

知识链接

齐桓公

齐桓公（前685年—前643年），春秋时齐国国君，姜姓，名小白。在其兄齐襄公被杀后，由莒回国即位。其任用管仲改革，选贤任能，加强武备，发展生产；号召"尊王攘夷"，助燕败北戎，援救邢、卫，阻止狄族进攻中原，国力强盛。其联合中原各国攻楚之盟国蔡，与楚在召陵（今河南郾城东北）会盟；又安定周朝王室内乱，多次会盟诸侯，成为春秋五霸之首。

乐育英才

孔子出国去齐国时三十五岁,离开两年,国内的政局依然一团糟,三桓中仍以季孙氏的势力最大。孔子只好把自己的时间、精力用以教育下一代的青年,慕名前来求学的愈来愈多。

※ 圣人孔子像

光阴荏苒,又过了五年,也就是孔子四十二岁的时候,流亡在齐国的鲁昭公崩逝。在鲁国国内,名义上是鲁定公继位,但实权完全操纵在季平子之手。

不久,季平子也病逝了,由季桓子继承,仍然掌握大权。

季桓子的家臣中,势力较大的有阳虎(名虎字货)、公山不狃、仲梁怀等人,彼此明争暗斗,最后是阳虎得势。他是一个足智多谋的军人,主张暴力改革,后来竟连季桓子都加以囚禁,由自己专揽国政,俨然以新兴领袖自居。

在当时,各国的诸侯、卿大夫乃至一些家臣们,以强凌弱、以大吞小的现象已经普遍存在，不足为奇了。但是这种离经叛道的做法，孔子看在眼里，痛在心里。

阳虎看到孔子的声誉日隆，很想巴结他，以壮大自己的声势。可是，孔子不齿于阳虎的为人，根本不愿加以理睬。

阳虎想到一个妙法，他准备派人送一头猪去给孔子，又怕被他当面退回没有面子，于是打听到有一天孔子出门了，才赶紧派人把那头猪送过去。

依照当时的礼节，大臣馈赠礼物给一位地位稍低的士人，如果受赠者当时不在家，应该在回家后到赠礼的人家去专程致谢。阳虎心想，这下子，孔子就没法再回避了吧。

孔子为了这件事，倒也颇伤脑筋，但不久，他想出了同样的妙计。孔子也是打听到阳虎不在家时，前往致谢。偏偏事有凑巧，就在孔子高高兴兴回家的途中，却和阳虎碰个正着，要回避已来不及了，于是道谢一声，准备掉头就走，不承想却被阳虎一把拉住。阳虎语意诚恳地说："多次想向您请教，一直苦无机会，今天难得相逢，务请到舍下小叙。"

孔子难以推辞，只好随他同去，一道进入阳虎的宅邸。宾主坐定后，阳虎开门见山地问道："久仰您是满腹经纶的学者，胸怀治国的韬略，如今眼看着国家如此的混乱，却不愿挺身出来匡救，这算得上是仁吗？"

孔子肯定地回道："不能算作仁。"

阳虎又进一步追问说："本来希望一展抱负，却屡次错过机会，这能算得上智吗？"

"不能。"孔子坦诚地说。

阳虎继续说道："光阴如白驹过隙，时不待我，怎可一天天地蹉跎下去？"

孔子感叹地说："我并不是不想出来做事，如有机会，我会出仕的。"

孔子并不是不想做一番事业，只是他不齿阳虎的为人，不愿意在阳虎手下做官而已。阳虎这么一个赳赳武夫，虽然没有什么大学问，但聪敏、机智，他向孔子提出来的三点，无懈可击，还真把孔子给难住了。

就在孔子想出仕而未出仕的这段时间，阳虎联合了公山不狃计划要谋害季桓子，结果，计未得逞，反被季桓子联合了孟孙氏的势力把阳虎击败。阳虎只是保得一命，逃往齐国去了。而公山不狃则困守在费城（山东的费县），仍企图继续

至圣先师——孔子

反抗。

公山不狃曾经派遣专使前来敦请孔子，孔子似乎也有这个意思想去费城一展抱负。他的学生们听到这件事，都纷纷反对，尤其是一向性格爽直的子路，更是气愤。他说："老师常常教我们说，'君君臣臣，父父子子'，季氏犯上、专横，以致桓公出奔齐国，现在的公山不狃，还不是同样地犯上作乱，您为什么要去帮助这种为臣不臣的人？"

时势是随时都在改变的，在那个时代，像阳虎和公山不狃的行为，早就不足为奇，而且是司空见惯的了。后来不也是演变为秦灭六国，并合诸侯而统一天下吗？也许孔子已经知道大势所趋，为了实现自己的理想，将迫于现实环境所采用的办法、步骤等都视为次要了吧。

基于这个观点，孔子向学生们解释说："只要公山氏能够接受我的意见，好好地治理地方，切切实实为百姓做事，我认为任何地方都是去得的。当年周文王邑于丰（陕西省的长安西北沣水以西）、武王邑镐（陕西省长安），他们分别以那么小小的地方做根据地统一了北中国。我们又何尝不能在费城有一番作为呢？"

※ 周文王像

※ 子张

不过，后来经过一番衡量，孔子并没有前往费城，究竟是什么原因，已无从查考。

既然在政治上暂时无法施展自己的抱负，孔子只好把全部精力放在培育人才的教育事业上。

孔子勤学一生所总结出来的人生道理就是一个"仁"字。孔子的这种思想，是根源于对人性的信任。他认为，人类虽然有种族之别、智愚之分，但人的本性是善良

的，他不承认有外在的君子和小人之分，只有德性上的君子和小人之分。因为他看到当时的贵族骑在人民的头上作威作福，予取予求，广大的人民只能受欺凌、受压迫，劳碌终生。虽然社会已经有了一些改变，人民也有了出头的机会，布衣也可以成为卿相，但实际上，贵族阶级仍然是一个特殊阶级。孔子认为，必须彻底地打破这种界限，因而提出人生而平等的观念，这便是"仁"学说的精神。

人，虽然有智、愚及贤、不肖的差别，这只是教育上的问题。孔子经过长期的观察后，发现人除了外在的血肉之躯及欲望外，还有内在的生命根源，它是一种无限深广的道德理性，可以由高度的反省及自觉以启发这一光辉的、内在的人格世界。每个人都具有这种内在的道德理性，可以用教育方式去诱导，去启发。"仁"就是人类行为德性的最高总结。

基于这种认知，孔子经常把"仁"的观念灌输给他的弟子们。他常说："你们认为'仁德'离我们很远吗？不，只要我们衷心求仁，仁就会来到，因为它是近在我们的内心的。假如一个人没有仁心，即使用礼也约束不了他；一个人如果没有仁心，即使有乐，也不能使他

至圣先师——孔子

心性中和，谁也奈何不了他。只有仁者，能够公正地喜欢人的善，能够公正地厌恶人的不善。"

孔子的意思是说，仁是近在内心，只要自觉向上，不怕力量不够。同时，孔子认为仁是贯彻于每一种事物中的，不能片刻离开它。他说，如果一个君子丧失了仁，他怎能称得上是君子呢？仁德比水、火更重要。水、火可以置人于死，但从没看到走进仁德里面而丧生的事。

有一天，子张（孔子的弟子）向孔子请教仁的问题时，孔子告诉他说："照着下面的五点去实行，就是仁了。这五点是：恭敬、宽厚、诚实、敏捷和慈惠。恭敬才能不受侮辱；宽厚才能博得人们的喜爱；诚实，能使别人对你信任；敏捷，则事情容易成功；慈惠才能使别人愿意为你效劳。"

当颜渊问到仁的问题时，孔子说："倘能克制个人的私欲，使言行都能合理，这就是仁。"

孔子是告诉弟子们必须注意自我的修养，才能算是仁。

另一个弟子仲弓向孔子问仁，孔子说："每逢走出大门，要像会见重要宾客般的小心谨慎，特别注意自己的言行。让百姓做事时，要像承当祭典一般，不可骄狂放肆，任意驱使他们。自己不喜欢的事情，不可以加之于别人身上。"

这段话的意思是，平时做人、做事必须态度谨敬、严肃，不可放肆，更要讲究恕道。

孔子认为仁是万德之本，若是一个人心诚于仁，就不会做出什么坏事来（苟志于仁矣，无恶也）。

孔子认为只要观察一个人的过失，就可以知道那个人是仁还是不仁（人之过也，各于其党，观过，斯知仁矣）。

孔子曾经慨叹世人不知所以为仁之方，他说："我没有见过真正喜欢仁道和憎恶不仁的人。真正喜爱仁道的人，他会觉得世上再没有比仁道更可爱的事物了。真正憎恶不仁的人，也就算是行仁了，因为他不让那些不仁的事加到自己的身上。真的有人能够把整天的精力都集中在仁上面吗？我没有看见他会因此而感到力量不足的，也许真有这样的人，可是，我还没有见过。"

孔子永不倦怠地教导学生，在众多的弟子中，各人的资质不同，孔子也就从各种不同的角度，以不同的方式去勉励他们，要他们从事于仁德的实践。

孔子和弟子们相处时，严肃中带有慈祥，讲话时直率而又寓意深远，态度上热情而不失分寸，学生们接受他的教诲，如沐春风。

柳下惠与鲁男子

孔子在这段时间,修订诗、书、礼、乐,以发扬固有文化为己任。这样,跟随他的弟子一天天增多,从此开始了私人讲学之风。几年下来,鲁国的风气大变,这是因为受到孔子及其门人的感化所致。

※ 坐怀不乱的柳下惠

柳下惠姓展,名获,字禽,食邑柳下,谥为惠。他是鲁国的贤大夫,曾经有一个美貌妇人深夜闯入他的卧室,依偎在他的怀中,他却丝毫不动心,深受国人的赞扬。

当时,鲁国有一个人,自称为鲁男子,他没有亲属,也没有妻室,手头颇有几分积蓄,独自一人鳏居在一室,倒也自得其乐。他的邻居是一位寡妇,因为没有翁姑、子女,也是一个人独居。

有一晚,暴风雨来袭,孀居的寡妇感到有点害怕,再加上门窗被风吹得吱吱作响,眼看着将被吹倒,这一晚将如何度过?

她左思右想,决定壮着胆子到鲁男子那里去商量一下。她敲开鲁男子的门，说明来意，希望能暂在他家借宿一宵。

鲁男子心想，她的情况固然值得同情，但是三更半夜，孤男寡女怎可住在一起？于是毅然加以拒绝。

那位孀妇情急之下，说："你家里并无别人，有什么关系呢？"

鲁男子说："六七十岁的男子，犹有情欲，你我都还年轻，相处在一起，一定难以自持，因此才不敢答应，请你原谅。"

她听了以后，立即讽刺地说："你就不能像柳下惠那样坐怀不乱吗？"

鲁男子斩钉截铁地告诉她说："柳下惠是柳下惠，我是我，他能够容妇人坐怀而不乱，我却不能让你进来。关于这件事，我会去请教孔老夫子，让他来评评理的。"

鲁男子终于坚拒了那位孀妇的劝诱。后来他请曾参（曾晳的儿子，也是孔子的学生）去请教孔子。

孔子赞叹地说："他能谨守礼义，不想学柳下惠的放任，真是难得的正人君子。"

曾参听了孔子的评语，感到有些疑惑，于是就发问道："这么说来，柳下惠不及鲁男子吗？"

"倒也不能这么说，比如柳下惠的弟弟展喜，就是接受了哥哥的指点，使得陈兵于鲁境的齐国大军终于撤兵退走，这种智谋，就不是鲁男子所能及的了。"

"柳下惠的坐怀不乱非常可贵，至于鲁男子坚拒女色的诱惑，这种暗室无亏的决心是可以和柳下惠媲美的，不分轩轾。更由于他的身份不及柳下惠而能保全孀妇的名节，冥冥中的鬼神，也都会保佑他，怎么不值得称赞呢？我们鲁国先后出现了两位正人君子，委实令人高兴。"

这个故事留传下来以后，凡是不好女色的人，都称为鲁男子。现在很多人把"鲁男子"三个字解释为不解风情，那是错误的。

※ 得孔子一贯之道的曾参

学琴于襄子

这段时间,孔子的几位弟子,像子路、闵子骞、宓子等都被朝廷起用,而且大都出任邑宰。他们上任前都曾聆受过孔子的教诲。孔子也想趁此机会到各地去看看他们的政绩。

※孔子弟子闵子骞

有一天,孔子率领弟子们前往武城的途中巧遇襄子。襄子是鲁国的乐官,弹得一手好琴,孔子好多次都想向他请教,一直没有机会。此次巧逢,孔子非常兴奋,把他请到旅舍后就开门见山地说:"我对先生仰慕已久,只是苦无机缘求教,我对操琴一道,仅略知一二,还请多多指点。"

"岂敢!岂敢!我虽以击磬为官,有时兼司操琴,但算不得其中高手,承您垂询,只能就我所知,为您解说。"

"好极了,那么,就请把古人操弦的派别指点一二,想必三两天工夫,也就可以了。"

襄子:"何必那么匆忙,寒舍就在不远处,请到那里逗留几天

至圣先师——孔子

如何?"

孔子:"怎可打扰?"

襄子:"说哪儿的话,您能光临,真是蓬荜生辉,请还请不到呢,说什么打扰不打扰的。"

孔子:"那就恭敬不如从命了。"

孔子随着襄子到达他家,宾主坐定后,孔子首先发话说:"我专程来学琴,应待之以师礼。"

襄子忙谦让说道:"不可,夫子名满全国,我怎么敢当,千万不要客气。"

孔子回答道:"那就放肆了。关于操琴的指法,曾蒙苌弘及季札两位略予指点。从他们那里知道舜创五弦琴,周文王加了两根弦,成为七弦琴。我想请教,舜创造五弦琴的用意何在?"

襄子滔滔不绝地阐释说:"当初削桐作琴,面圆象征天,底方象征地。龙池八寸通八风,凤池四寸合四气。琴的长度是三尺六寸,象征一年三百六十日。宽六寸,象六合。前广后狭象尊卑,五弦象五行(金木水火土)。大弦为君,小弦为臣。文王又增加两根弦,是合君臣之义。制琴的用意是禁制淫邪以匡正人心。"

襄子略作停顿,又接着说道:"五弦琴的古法是,第一弦配宫音,依次是配商、角、徵、羽四音。古琴有弦有徽,有首有尾,有唇有足,有腹有背,有肩,有腰,有越。琴唇叫龙唇,琴足叫凤足,琴背叫仙人,琴腰叫美女,长的叫龙池,短的叫凤沼。临岳是琴首绕弦的,岳山是琴尾高起弦的,雁足是肩下系弦的,轸是足下转扭调弦的。"

"听起来好像十分复杂繁琐。可是一个学琴的人就必须在这上面多下功夫。"

第二天,孔子又继续请教说:"为什么一定要用桐木制造?"

襄子回道:"桐是阳木,它能知秋,立秋的那天,它一定落叶,任何树木不像它那么灵异。它又能知道闰年,平时生十二叶,唯独闰年生十三叶。我国的峄山(山东邹县东南方)所生的桐木是制琴的良材。"

孔子又再问道:"请问,自古以来,有些什么著名的好琴?"

"相传伏羲造贡粹,这是最古雅的了。然后是柏皇造丹维、祖床;帝俊造电母琴;晏龙造菌首琴、白民琴;伊陟造国阿琴;文王造七弦琴;周宣王造响风琴;楚无亏造青翻琴;崔驷造卧冰琴……这些都是极为珍贵的名琴。"

孔子说:"古代的名琴,如今

孔子称谢不已,然后再由襄子教以操琴的指法,孔子退居一室去练习。

有一次,孔子练罢琴,兴奋地跑去告诉襄子说,他似乎瞥见一个身长十尺,目光如电,面黑有威仪的伟男子,那不就是周文王吗?

襄子拱手相贺说道:"您竟然在练琴之余能够想象出文王的威仪,令我自叹弗如!可喜,可贺!"

接着,孔子就当着襄子的面操琴,使得襄子大为惊奇。他说:"您初来的时候,和弦不是很准,指法也生疏,想不到,没有几天工夫,您的琴艺竟如此的精进。看您指法纯熟,疾徐有致,高低合度,一般的琴师也都及不上您了。"

孔子避坐起立,恭敬地说道:"我国的乐官都能操琴,但他们多半是藏私,奇货可居,不肯悉心传授。我有幸蒙夫子指点,仰仗您的教导,才能略有进步,真是不虚此行,从此不需暗中摸索,今后还请多多赐教,则感激不尽。"

"岂敢!岂敢!我乐于彼此切磋,请再多留一些时日。"

"谨受教。"

孔子在襄子那里又逗留了不少日子,琴艺益发精进。他不愿长期打扰,襄子也不便强留,于是互道珍重而别。

※ 文王渭水访贤

已不可得,若无名琴,单凭苦练,能否成为名家呢?"

襄子笑着说:"像您这样天赋聪敏,即使没有名琴,只需用功练习,必定可以成为名家。"

至圣先师——孔 子

夹谷会盟

孔子出任大司寇期间,有一件大事,必须加以叙述。

过去鲁国和晋国订有盟约,而鲁国和齐国则有姻亲关系。有一次,齐国举兵攻晋,这使得鲁国左右为难。幸好不久,齐国被晋击败。由于战事刚刚结束,元气未复,齐国深恐南方的吴国趁势入侵,于是希望和鲁国举行会议。一方面是修好之意,同时趁此机会解决一些悬而未决的问题。

会议的地点定在齐国境内的夹谷(山东省莱芜),位于泰山东麓。

※夹谷会盟地夹谷山

鲁定公接获通知后,一时之间犹豫不定,召集季斯、叔孙辄、仲孙无忌等权臣进宫商量。

仲孙无忌认为晏婴善诈,此次未必是好意,不可贸然前往。季斯却表示说,齐国常常大军压境,使鲁国深受威胁,如今被晋国击败,想跟鲁国修好,也是情理之常,拒绝了反而不好。

鲁定公见大家的意见有分歧,于是毅然说道:"寡人认为纵使对方有什么阴谋,却没有更好的理由加以拒绝,只是随从与会而又能折冲樽俎(指不用武力而在酒宴谈判中制敌取胜)的人才难求。"

叔孙辄说:"春秋定例,诸侯会盟由相国赞礼。这是责无旁贷的事。"

季斯抢着说道:"这个重任,我可胜任

不了。"

仲孙无忌考虑了一下，说道："大司寇孔子学识渊博，足智多谋，他在我国出仕以后，政绩斐然，齐国对他既敬且畏，他倒是一个适当的人选，只是名位不称，奈何？"

季斯这个人倒能公忠谋国，识得大体，他立刻接着说："我马上辞去相位，暂由大司寇兼摄相事，这不就名正言顺了吗？"

孔子被召入宫授命，诚惶诚恐地回禀道："君命不敢违，臣当勉力奉行。"

当晚鲁定公在宫中设宴，商讨赴会事宜。

鲁定公问孔子说："齐使的来书上为什么有'乘车之会'的字样？"

孔子回道："这是秉承齐桓公不用兵车会盟的遗命，莅会时只是乘车，不带兵车随行。"

鲁定公不安地问道："这么说来，我们不能带兵车护送么？"

孔子谨慎地回答说："当初管仲相桓公时，九合诸侯，确实是都没有带兵车。不过，此一时，彼一时，现在的晏婴善行诈术。从前宋襄公与楚会盟于孟，本来是约定不带兵车的，不料，楚国失信，临时伏甲要盟，把宋襄公杀得大败。殷鉴不远，我们不能重蹈覆辙。"

"你的意思是……"鲁定公狐疑不定地问道。

孔子说："现在距离会议日期还有不少时日，臣请设左、右司马（掌军政的官），先行训练，届时备用。"

鲁定公闻言稍觉心安，说道："好吧！希望你积极筹备。"

翌日，鲁定公派大夫申句须为右司马，乐颀为左司马，克日加紧训练。

赴会的那天，孔子保护鲁定公驾车起程，申句须和乐颀各率兵车五百乘远远地跟随。另外派勇将兹无还统率精兵三百乘护驾，在距离夹谷五里处驻扎下来。左、右司马的千乘兵车则停在十里外待命，并派遣密探沿途联络，传递信息，一旦有警，立刻可以驰援。

齐景公是以主人的身份先到夹谷等候的。当年的诸侯会盟地点都筑有土坛，与盟的诸侯在坛上会谈，随从人员则齐集坛下伺候。

此次齐国筑的坛十分简陋，也就表示，并未把小小的鲁国放在眼里。这是有原因的，因为齐国眼见鲁国任用孔子以后，国势一天天地强盛，深感这是未来的威胁，心中有点不安。此次会谈名义上是修好，实际上是摆出一种姿态，故意草率从事，并不重视对方。其实这是色厉内荏的做法。

齐景公自己把幕设在坛右，幕后驻有很多兵卫。孔子接获密报后，也命左、右司马率领精兵随着定公驻扎在坛左，以防不测。

齐国大夫黎鉏事先曾向齐景公建议说："鲁国任用了孔子，国势日盛，齐鲁两国虽有姻亲关系，可一旦鲁国强大起来，终是我们的大患。孔子虽然是名闻天下的贤人，但他能文不能武，他没学过兵法，知礼不知勇，我们不妨挑选几个精壮的莱夷人，在会盟时登坛献乐，乘机把鲁定公和孔子拿下，还怕他们不乖乖地听命于我们么？"

齐景公考虑了半晌，说道："这件事非同儿戏，还得和相国商议一下再作决定。"

黎鉏奏道："相国和孔子素有情谊，万一他起而阻挡，岂不是错过了大好机会？"

齐景公仍在犹豫不决，但是禁不住黎鉏一再地分析利害得失，终于动心，吩咐黎鉏去妥善安排。

会盟的当天，执事官启请两国的君主登坛，齐君由晏婴为相，鲁君由孔子为相。他们分别在坛的左右方恭立，相对一揖后，缓步登坛，两君揖后就座。首先，由晏婴叙述两国始祖周公旦、太公望的遗泽，两国自当永修旧好，和睦相处，不负今日会盟之意。接着举行献酬玉帛之礼，礼毕，执事官奏请作乐。

依照往例，这种场合应该演奏古乐助兴，可是齐国方面派出的乐工却是一群手执戈矛、长发露体的野蛮人。

鲁定公见状，吓得面色苍白，说不出一句话来。只见孔子急步登坛走到齐景公面前，神色凝重地高声说道："今天是两国会盟修好的吉日良辰，怎可演奏夷狄之音？这不仅是对天地神明不敬，而且有辱贵国的国体，难道说贵国不懂礼乐，只欣赏这种夷狄之音么？一旦传了出去，岂不贻笑大方？"

孔子的态度不卑不亢，而且这简短的几句话铿锵有力、义正词严，使得齐景公满面羞惭，立即喝令野蛮人撤走。

这时候，执事官奏请献演宫中之乐，本来没有什么问题，可是黎鉏已经恼羞成怒，一计不成，又生一计。在演奏宫中之乐的同时，他促使一群优伶小丑，口中唱着"敝笱"之诗，狂跳狂舞地拥向台上去。

孔子再也按捺不住，厉声说："匹夫戏诸侯，该当死罪，请贵国的司马执法。"

齐景公一时拿不定主意，孔子立刻奏道："两国既经修好，就如同兄弟一般，我国的司马就在坛下，让他来代行执法吧。"

孔子不待齐景公的答复，立即高唤申句须和乐颀速速上坛。两将领命，飞奔上坛捉住两名优伶的领队，手起剑落，可怜两名受利用的侏儒小丑立刻身首异处。齐国方面的与会人员个个吓得目瞪口呆，宰相晏婴更是暗暗叫苦不迭。

就这样，本是修好的会盟，只好草草结束。

齐景公回去以后，大发雷霆，狠狠地把黎鉏训斥了一顿。可是，事情并非就此了结，如何善其后，才是真正头痛的难题。宰相晏婴建议说："大凡小人犯错，只是口头上谦辞谢过，甚至找理由掩饰。君子犯过，就会以实际行动来表示忏悔或坦承错失。据我所知，我们曾先后索取或占领了鲁国的汶阳、郓以及龟阴等三处地方，假如把这三块土地重新归还给鲁国，我想，他们一定会高兴的，从此可以尽释前嫌。这件事，还请主公定夺。"

齐景公一听，非常欣慰，立即交由晏婴去办理。鲁国方面不但收回了失地，而且挽回了面子，这一次外交上的大胜利，完全归功于孔子。

孔子从政以后，在外交上打了一个大胜仗，继而要在国内施展他的抱负。他首先是想削弱贵族的势力，建立中央集权，以免过去那种昭公出奔的旧事重演。

当时三桓都有自己的军队、自己的城堡，而且城堡的建筑十分宏伟、坚固，俨然是个小朝廷。如不予以拆除，终是大患。

季氏的城堡在费（山东临沂西北），叔孙氏在郈（山东省东平东），孟孙氏在成（山东省宁阳东北）。

孔子的这项主张首先响应的是季氏，因为他的城堡被公山不狃强占着，正好趁此机会把公山不狃赶走。孔子派子路去执行任务时，不料公山不狃却顽强抗命，后来被申句须和乐颀击散逃亡，费的城堡才顺利地被拆除。

接着是叔孙氏也自动地把郈的城堡拆掉。

最后轮到孟孙氏，孟孙氏却拒绝了。他的理由是，成这个地方靠近齐国，假如没有坚固的城堡就难以自保。

孔子认为，保疆卫土是政府的责任，不需由各大夫自拥军队，自建城堡。由于计划受阻，乃奏请朝廷派遣军队去强制执行，结果却屡攻不下，一直僵持在那儿。孔子眼见如此情况，长久闹下去终非国家之福，目前自己的计划已完成了三分之二，因此对于孟氏城堡的问题就暂时放下不管。

周游列国

携高足离鲁

由于鲁国内政上的大患三桓的势力已大为削弱,中央集权已逐渐建立起来,从此国家政治清明,社会安定,一天天步入富强之途。

然而,鲁国的日益强大,给邻国带来了不安。最感到恐惧不安的是齐国,过去的那一套收买三桓操纵政治的老办法,现在已经行不通了,真不知如何是好。

夹谷会盟后不久,齐国的宰相晏婴病逝,黎锄重获宠信。他建议齐景公说:"鲁国任用了孔子才有今天的成就,只要除掉孔子,鲁国就无所作为了。"

齐景公说:"鲁君对孔子宠信有加,这怎么办得到?"

黎锄说:"用离间计。"

齐景公说:"离间计?不可能的。"

黎锄说:"主公请听我说,爱好女色乃人之本性,尤其是处于升平之世的人多半会耽于逸乐。我们不妨挑选冶艳善舞的美女以及良好的马匹送过去,鲁君和季桓都是壮年人,不可能不动心的。只要他们接受下来,就会疏远孔子,纵使一时不疏远孔子,孔子也会直言诤谏,到头来必定会惹火了鲁定公。孔子在这种情况下,还能再留恋鲁国吗?"

齐景公听了黎锄这条妙计,对其大为赞赏,吩咐他马上去办理,越快越好。

◇ 图 说 名 人 ◇

名人名言

笃信好学,守死善道。危邦不入,乱邦不居。天下有道则见,无道则隐。邦有道,贫且贱焉,耻也;邦无道,富且贵焉,耻也。

——孔子

※鲁国故城遗址

于是,八十位能歌善舞、年轻貌美的女子,以及披挂耀眼装饰的良驹一百二十匹被送往鲁国去了。这一行人暂时停歇在鲁国都城的南高门外,还不敢贸然进城,只是先派人去进谒季桓子。季桓子还有所顾忌,就微服前往察看,不看则已,一看之下,不由得怦然心动。因为鲁国一向崇尚朴实,何曾见过这些衣饰华丽、美艳绝伦的美女和这许多雄骏的良驹?他看得眼花缭乱,赶忙回去报告。

鲁定公也想亲自去看看,却又有所顾忌。季桓子了解鲁定公的心意,于是建议他以视察民情作为借口。鲁定公非常高兴,立即下令备车前往。一见之下,顿时心乱神迷,当场吩咐季桓子一一点收,并修书向齐景公致谢。

鲁定公回宫以后,将女乐及骏马一部分赐赠给季桓子。从此君臣两人沉迷于声色犬马之中而怠于政事。

孔子多次求见,都遭拒绝。子路的性子最急,而且口快心直,他认为国家没有前途了,心中非常失望,请孔子挂冠求去。孔子并不是贪恋官位,而是一切以邦国为重,在尚未完全绝望之时,决不放弃自己的责任。

他安慰子路说道:"事情还没有到完全绝望的地步,年轻人一时耽溺于声色之中,也许他们很快就会醒悟的。过几天就要举行郊祭大典了,依照惯例,郊祭以后,一定要分胙肉给各大臣的,如果届时鲁定公亲往行祭,并分赠胙肉给我们,表示他对于重大的祭典并未忘怀,也表示我们仍受尊重,国家的前途仍有可为,你别太悲观啊!"

可是,到了冬至祭天的时候,鲁定公和季桓子正陶醉于温柔乡里,早把这件事忘得一干二净,仅仅由主管人员草草了事,也没有循例分胙肉。

这时,孔子失望了。当子路等一批弟子再度请求夫子离开这个无可救药的国家时,孔子黯然点头答应了。

孔子的内心是十分凄楚的,他何尝愿意离开自己的家乡?他一心想把鲁国治理得富强康乐,却事与愿违,怎不令他痛心?

子路和冉求等本来都是季氏的家臣,也一个个跟着孔子弃官出走。他们视官位如敝屣,愿意一辈子追随老师的左右。孔子率领全班高足弟子,以流动的讲学团体,又像有理想、有抱负的政治团体的姿态,开始了长达十四年的周游列国的生涯。这时是公元前497年,孔子已五十五岁了。

孔子把家事交给伯鱼照顾,自己带领弟子们往西而去,目的地是卫国。当他们到达鲁国边境一处叫作屯的地方,准备停下来歇息的时候,看到几匹马从后面赶来,原来是季桓子派一位名叫师己的乐师前来挽留,他说:"季卿听说夫子弃官出走,立即命我来探询究竟,夫子啊!并没人得罪您,为什么要离开呢?"

孔子回道:"我可以唱首歌作为答复。"

于是,孔子抚琴而歌曰:"彼妇之口,可以出走;彼妇之谒,可以死败。盖优哉游哉,维以卒岁。"

大意是说:那些迷惑人的妇人,会影响政治,既然如此,那就只好出走了。那些迷惑人的妇人,足以败国亡身。我已尽力,无法力挽狂澜,倒不如优哉游哉地去度余生吧。

师己听孔子唱完,一阵心酸,不觉潸潸泪下。他知道已经挽留不住,只好含泪和孔子珍重道别而返。

※ 孔子弟子冉求

※ 文王之子——周武王姬发

孔子选择去卫国是有理由的。第一，卫国有一位孔子非常推崇的贤人蘧伯玉（名瑗，年五十而知四十九年之非）；其次是卫灵公治理卫国三十余年，社会非常安定。最主要的是，子路的岳母家在卫国，他的妻兄颜浊邹可以对孔子一行人有个照顾。

不料，颜回却提出反对，他说："卫君不能用蘧伯玉，算不得是一位贤君，再说卫夫人南子素有丑闻，可见卫国教化不良。常言道：良禽择木而栖，贤臣择主而事。夫子为什么一定要到卫国去呢？"

孔子说："卫国确实有不少贤臣，例如史如这个人，正直得像一支箭，邦国有道，他是如此，邦国无道，他仍是如此。至于蘧伯玉没有出来做官，也许是未曾受到推荐的缘故。南子出生在宋，后来嫁到卫国，关于她丑闻的事，错在她的父母，我们不能一口断定是卫国的教化不良。"

卫国就是现在河南省的卫辉、怀庆两府。当年周武王少弟康叔封于此，算起来，卫、鲁两国也有姻亲关系。

一行人进入卫国，到达一个小镇上休息，当地一个驻守边关的小吏，久慕孔子的大名，想要求见。冉有认为这么一个小小的官吏，夫子大可不必见他。孔子则认为无妨，于是这位瘦老头被引了进来。

孔子和蔼地询问说："高寿几何？工作忙否？"

"虚度七十有五，老了，不中用了。不过，由于工作的关系，倒经常可以见到一些名人。"

他和孔子谈了很久，对孔子的学识及品德愈发敬佩。他辞别出来后，对孔子的弟子说道："我今天能幸运地拜见孔子，真是三生有幸！他竟是如此地伟大！孔子的才能，如果仅限于鲁国国内，那才真可惜呢！我认为这是老天爷使孔子为警世的木铎，让他传布道声，你们大可不必灰心。"

"木铎"是金属的铃，而以木为舌。如果以金属为舌，就叫"金铎"。当时，政府每逢颁布法令时，就摇铃使百姓们注意倾听。

这位守关小吏的意思是，上天有意让孔子警告天下人民实行正道。弟子们听他这么一说，深信自己未来的任务以及孔子的理想必可在别的国家得以实现。

孔子乘坐的车子，轮流由弟子们驾驭。古时候的读书人所学习的课程中，就有"御"这一科目，所以个个都能驾驶。

有一天，正好由冉有驾车，孔子一路观赏风景，此时快要接近卫国的都城了。孔子对冉有说："看起来，这里的人口众多。"

冉有答道："是啊，这里的确是人口很多。人多了以后，该怎么做呢？"

孔子说："使他们富裕。"

"富裕了以后呢？"

"就得施以教化，使他们学习礼仪，懂得做人的道理。"

这时候，性急的子路插口说道："请问夫子，怎样才算是君子？"

孔子说："修养自己着重于一个敬字。"

子路接着又问："这样就够了吗？"

孔子说："修养好自己，再来安定别人。"

"这样就够了吗？"子路仍然追根究底地问下去。

孔子不厌其详地告诉他说："自己修养好了，再进一步去安定百姓。讲到修养自己、安定百姓，就连尧、舜恐怕还不能完全做

※ 颜回

到呢!"

说着说着,已经快到都城。卫、鲁两个小国都是周公之后,建国已有几百年,彼此间没有发生过什么纠纷,人情风俗也大同小异。一般老百姓听说鲁国的孔子来到卫国,个个额手称庆,盼望他长住卫国,帮助卫君改革政治,使人民过上安乐的日子。

孔子一行就在子路的妻兄颜浊邹的家里安顿下来。颜浊邹是卫国的贤大夫,他对孔子仰慕已久,此次孔子歇在他家,他感到莫大的光荣,故而热忱地接待,谦恭有礼,丝毫不敢怠慢。

卫国的将军文子,敬重孔子是当世的圣人,他曾竭力向卫灵公推荐,盛赞孔子的学问道德。

卫灵公年纪比孔子小十多岁,他知道孔子是名闻天下的大学者,如今来到卫国,当然感到荣幸,但又不知如何起用他,因此,当他第一次接见孔子时,只是谈一些无关紧要的话题,他说:"您在鲁国的时候,俸禄多少?"

孔子见他问出这种无关宏旨的小事情,心中有些不悦,但仍压抑住自己的不快答复道:"俸米六万斗。"

卫灵公随即吩咐比照鲁国的俸禄给予孔子,但没有和孔子谈论政治上的问题,似乎没有起用孔子的意思。

卫国有个美男子名叫弥子瑕,卫灵公非常宠幸他。有一天,弥子瑕对子路说:"夫子如想做官,只消我一句话,就可以办得到。"

言下之意,要孔子买他的账,亲自去拜托他,他就可趁此自抬身价了。

孔子岂是这样的人,当然不肯答应。不答应倒也罢了,却使这位小人恼羞成怒,怀恨在心。

卫国另一位权臣名叫王孙贾,他很敬佩孔子,深恐孔子会因失望而离去,心想如果卫灵公不能用他,就把他收为自己的部属,以壮大声势。他以试探性的口吻对孔子说:

"与其媚于奥,宁媚于灶。"

奥是屋子的西南隅,是尊者所居的位置。这句话是比喻与其盼望位尊者起用,不如阿附权贵。也就是说,卫灵公不能赏识你,我可以录用你。当时的卫国,确实也是如此。这和鲁国的三桓专权是相同的情况。

孔子的答复是:"不行,这是不对的!如果获罪于天的话,再怎么祷告也是没有用的。"

可是,这么一来,孔子又多得罪了一个人。

至圣先师——孔子

匡城被围

孔子在卫国住了十个月，一直郁郁不得志，于是准备前往陈国。陈也是一个小国。周武王立，求虞舜之后，得"妫满"，封之于陈，位置在今河南省开封以东至安徽省亳县以北。

孔子一行辞别颜浊邹后，就往陈国出发，在将要走出卫国国境抵达匡（今河北省长垣西南）这个地方时，曾有一场误会，使得孔子等一行，饱受虚惊。

当时，替孔子驾车的人是弟子颜刻，他举起马鞭指着尚未修复的城垣说："我上次就是从这个缺口进城的。"路旁围观的民众对他们这一行人非常注意，他们想看清车里坐的是什么人。

当年阳虎从鲁国逃往齐国时，曾在此地留下恶

※ 齐国刀币

※ 文王标准像

人询问缘由，自己则镇静如常地坐下来操琴。他弹的是文王操，三阙告终，外面的匡人听到琴音，再经颜回的解释，他们才知道里面坐的确实是孔子而不是阳虎。于是，围困的人连声赔不是后纷纷散去。

当孔子见到颜回平安归来时，才松了一口气说："你终于平安地回来了，我一直在担心你会发生意外！"

颜回恭敬地回答说："夫子健在，回何敢死？"

名，匡人恨之入骨，偏偏孔子的相貌长得和阳虎有几分相似。因此，匡人把孔子一伙人误认为是阳虎又率领党羽前来，匡人一心要报复，于是把孔子的居处团团围住。

子路怒发冲冠，准备和匡人决一死战。孔子立刻制止说："不可鲁莽，我们和匡人素无冤仇，其中必有误会。"

"再说，文王已经去世，但传统文化仍在，如果天意要丧失这种文化，我们这批后死的人，就无法再参与这种文化了；如果上天不想丧失这种文化，匡人又能把我怎么样呢？"

孔子说罢，一面派颜回去向匡

知识链接

子 路

仲由，字子路，又字季路，春秋末鲁国卞人（今山东泗水县泉林镇卞桥人），孔子得意门生，以政事见称。子路性格爽直率真，有勇力才艺，敢于批评孔子。孔子了解其为人，评价很高，认为可备大臣之数，"千乘之国可使治其赋"，并说他使自己"恶言不闻于耳"。子路做事果断，信守诺言，勇于进取，曾任卫蒲邑大夫、季氏家宰，是孔子"堕三都"之举的最主要合作者之一。后为卫大夫孔悝家宰，在内讧中被杀。

至圣先师——孔子

折返卫国

正在这时候，蘧伯玉率领了一批人赶到了匡地，他见到孔子后，立即万分歉意地说："我恰好有事去郑国，昨天回来，听文子将军说，夫子不告而别，我们非常着急，向颜浊邹追问，他不肯直言相告，几经追逼，他才说出夫子一行将去陈国，当我们一行抵达此地之前，听说夫子曾饱受一场虚惊，真是太遗憾了！幸好误会冰释，还请夫子看在文子将军的薄面，回转大驾，望勿推却。"

※ 卫灵公

孔子见他词意恳切，也就答应了。蘧伯玉又说："史鱼曾大力推荐我，卫灵公却未能采用，后来文子将军又向卫灵公推荐，仍不见用，文子见我家贫，时常予以周济。"

孔子说："文子真不愧为贤卿相，他以自己的去留为你力争，你该感激图报，不可辜负人家一番盛情。"

"谨受教。"蘧伯玉深受感动地说。

孔子率领弟子们再度返回卫国，住在蘧伯玉的家里，卫灵公待之以客卿礼。没有多久，贤大夫史鱼病危，他临终前吩咐家人道：

59

"我任官于朝廷，这么多年来，一直想举荐蘧伯玉，罢黜弥子瑕，始终未能如愿，我生不能正君，死也不当成礼，我死以后，不必急于入殓安葬。"

说完，就断了气，家里的人只好遵从遗命，不敢入殓。文武百官前往吊唁时，询问何以不入殓，家人据实相告。卫灵公知道以后，亲往致吊时，悔恨交加地对史鱼的家人说："寡人未能采纳忠谏，这是寡人的过失。我会设法补救的，你们赶快把他的遗体入殓吧。"

卫灵公返回宫中后，立即下令进用蘧伯玉，并将弥子瑕降职。

孔子感慨地说："古来忠臣谏君，至死方休。而史鱼在死后，尚能尸谏，终于感动了君王，史鱼称得上是一位直臣了。"

卫灵公的夫人南子是宋国的公主，貌美而淫，未嫁前，就曾与人私通，生性淫乱的南子和美男子弥子瑕也有暧昧关系，因此丑闻四播。她生得漂亮，又小有才气，卫灵公对她言听计从，久而久之，她就干预起政事来了。凡是有所求于君王的，只要走走她的门路，必定可以成功。她听说孔子是一位大学问家，生得魁梧异常，却一直没有被重用，也不来向她请托，这倒反而引起她必欲一见的好奇心。

时间愈久，好奇心愈强烈，她按捺不住了，于是派人去宣召孔子进宫。孔子何尝不了解这是进身的机会，但他决不肯这么做，一个正人君子，怎可利用裙带关系而达到目的？他拒绝的理由是，不是出于卫灵公的命令，就不合礼法；不合礼法的事，君子不为。

像南子这种被宠幸惯了的女子，说到就要做到，否则，决不甘心。最后，她运用了一些技巧，说动了卫灵公，以卫灵公的名义召孔子入宫，孔子不能再拒绝了。

孔子被带进宫以后，在一间挂着帷帐的会客室晋见南子。孔子神情肃穆地站立在那里，不一会儿，听到有环佩的声响来自帐后，孔子低头向北面长揖，帐后响起了一阵清脆的衣裙、环佩叮当的声音，表示南子正在还礼。这倒是罕有的事情，也许面对孔子，南子的心中不由得生起敬仰之心。

事后，子路埋怨说："这种女人，为什么要去见她？"

孔子解释说："我何尝愿意见她，只是为了礼貌，不得不去一趟。如果我有什么错误的话，上天会厌弃我，上天会厌弃我！"

孔子那一番委屈迁就的苦衷，竟不为刚直的子路所谅解，他老人家只好以誓言来使他理解了。

至圣先师——孔子

知识链接

卫灵公

卫灵公,春秋时期卫国第28代国君,姓姬,名元。其生于"韩宣子为政聘于诸侯之岁"(即昭公二年,前540年),卒于哀公二年(前493年),寿47岁。初,因卫襄公夫人宣姜无子,其宠姜婤生絷与元,而絷"恶疾",不良于行,故孔成子与史朝借梦废长立幼。昭公七年卫襄公卒,元登基,是为灵公,在位42年。卫灵公虽限于国势未能称霸,但其所作所为丝毫不逊于齐桓晋文楚庄秦穆那些霸主们,为一代诸侯之佼佼者。在鲁哀公问"当今之君,孰为最贤"时,孔子对曰:"丘未之见也,抑有卫灵公乎?"评价不谓不高。但孔子因不见用于灵公,故一时激愤"谓卫灵公之无道",后人不察其义,妄为注解,遂将卫灵公抹黑。

自从孔子见过南子以后,卫灵公认为孔子并不如想象中那么严肃拘谨,因此,在行动上不免有点随便,在他心中,认为彼此的感情更接近了一步。但在孔子的眼里,就不合乎礼法了。下面的一则故事,是促使孔子决心离开卫国的直接原因。

有一天,卫灵公派人来找孔子,说有要事相商。孔子进宫以后,卫灵公突然有事需出去一趟,于是,征求孔子的意见。他说:"我刚好有事要出去,你我就在车上谈,怎么样?"

孔子一听,这也没有什么不可,于是就答应了。正在这时候,南子打扮得花枝招展地走了过来,她撒起娇来,也要跟着去。

本来,像这种场合,卫灵公应该当场拒绝才对,可是他没有。孔子站在一旁,进退两难,尴尬万分。灵公歉意地向孔子说:"那就请你乘后面一辆车子吧。"

灵公和南子坐进车厢,由太监雍渠驾驶。一路上招摇过市,路人为之侧目。孔子从那些人的眼神里,不难体会出人民心中的恶劣印象。让一位名闻天下的学者跟在后面陪乘,这简直是一种侮辱,孔子的心中真不是滋味。

事后,孔子叹息说:"我没有见过如此爱好美色的人!"

孔子认为卫灵公这种做法不成体统,于是决心要离开了。他叫弟子们赶快收拾行囊,第二天就准备启程。蘧伯玉和文子苦苦挽留,孔子约定以后有机会一定再来会晤,并留下几个弟子在卫国出仕,然后才依依作别。

宋国遇险

孔子心中盘算着鲁国的政务废弛，国势益弱，已难挽颓势了，而宋国是自己的祖国，当年，成王接位后，武庚作乱，被周公旦讨平，改封微子启于此。宋也是一个小国，现位于河南省商丘以东迄至江苏省铜山以西，后来被齐、魏、楚三国所灭。因此孔子拟回宋国。

※周公旦

当时鲁国曾派人来聘请孔子，孔子命弟子冉求回鲁从政。

冉求返回鲁国时，鲁昭公已经去世，由鲁哀公执政。他向冉求问道："孔子现居何国？"

"宋国。"

"自从我主政以来，苦无贤人相助，你这次回来得正好，务必请你协助我，万勿推辞。"

冉求见鲁哀公词意恳切，只好应命。

恰好，鲁国的右司马乐颀不久前去世，朝廷乃命冉求继乐颀之后，出任右司马。

冉求也认为，司马职司军旅可以发挥己长，所以欣然受命。从此冉求长仕于鲁国。后

至圣先师——孔子

知识链接

伯 夷

伯夷（生卒年不详），子姓，墨胎氏，名允，字公信。是殷商的同宗，商纣王末期孤竹国第七任君主亚微的长子，弟亚凭、叔齐。

叔齐是孤竹国君主亚微内定的继承人，但由于有悖于传统嫡长子继承的宗法伦理，叔齐不忍心与长子争夺王位，伯夷也不愿违背父意。后伯夷和叔齐双双出走，离开了孤竹国，禅让予亚凭。

伯夷叔齐奔往西方，在周地部落中养老，与周文王关系良好。后周武王讨伐纣王，伯夷和叔齐不满武王身为藩属讨伐君主，加上自己世为商臣，力谏。武王不听，不久周灭亡商朝。

两人愤忾，决定不食周粟，以表明对殷商的忠心，最终隐居在原殷商荒芜之地首阳山（河南省洛阳市东30千米偃师境内），以树皮、野菜为食，最终饿死。

来，孔子返鲁，就是冉求在鲁哀公面前力保所致。

孔子一行抵达宋国国境以后，颜回先去见他的旧友子罕，子罕立即奏明宋君，宋君听说孔子到来，就命大司马桓魋前往迎接。

桓魋这个人面貌姣好，以男色见宠，因此专横跋扈。他深恐孔子会受宋君重用，故意在宋君面前进谗言。宋君信以为真，嘱咐桓魋暗中留意孔子的行动。

有一天，孔子率同弟子们到郊外去游览，看到一大群人围在那里雕凿一个大石椁（棺材外面的石套）。那群人个个疲惫不堪的样子，却又不敢怠工。

孔子好奇地询问一位工匠说："你们劳师动众造这么大的一个石椁做什么？"

"这是大司马命令做的。"

"为什么要这么大？"

"他死后要许多人跟着陪葬，所以愈大愈好。其实，在石椁完成以前，我们已经有好多人耐不住长期的疲劳而累死了。唉！上面的命令，我们又不敢不从。"

孔子长叹一声说："这真是人间惨事，千古未闻！"

这句话，当然很快就传到桓魋的耳朵里，他顿起恶念，准备要杀害孔子。

有一次，桓魋当着宋君的面，奚落孔子说："您在鲁国时，官居大司寇兼摄相事，权位不可谓不高，何以不能使鲁国臻于富强之境？

孔子讲学石雕

这一点,您能及得上管仲和晏子吗?既然弃官而去,却不隐居山林,终日东奔西走,乞求别国的赏识和任用,这方面,您及得了伯夷、叔齐的清高吗?"

孔子不慌不忙答道:"我出仕于鲁时,使君臣有位,长幼有序。乡党尊老敬幼,升降揖让,都中规矩。人人知耻达礼,路不拾遗。执法听讼,无私无纵,从此鲁国大治,邻邦仰慕而前来观摩,络绎于途。想必大司马必有所闻,我也不必多说。

"至于我弃官而去,乃因君、相溺于声色,屡谏不听,乃不得不出此下策,但心中仍希望在我去后,君、相能够醒悟,从此远色亲贤。我时时以国邦为念,未敢或忘。"

桓魋本想当众羞辱孔子,孔子却侃侃而谈,在座的人无不叹服。宋国的忠良之士,竭诚希望孔子久留宋国,改革政事、剪除奸逆,为国家造福。

桓魋对孔子简直恨之入骨,他积极着手部署,企图杀害孔子。好在孔子一行所住的行馆离子罕家不远,而子罕也多少体会到孔子处境的不利,因此密嘱行馆里面的侍者要细心照顾孔子,不得疏忽。

由于桓魋从中作梗,宋君对孔子一直未予重用。孔子闲来无事,多半跟弟子们在行馆附近的一棵大

至圣先师——孔子

树下讲学论道。桓魋却向宋君进谗说："据报孔丘这个人心怀不轨，他曾经告诉他的弟子们，宋是他的祖国，他有心篡夺政权，因此常常跟学生们在行馆旁边的大树下商量，名义上是讲学，实际上是密谋造反，主公可得小心。"

宋君一听，大为吃惊，问道："有这等事？"

桓魋言之凿凿地回禀说："是我派在行馆里的心腹探听到的，绝对假不了。"

宋君："那该怎么办呢？把他们赶走，行吗？"

桓魋："赶走他，会受人批评。这件事，交给臣去办理好了。"

宋君："好，你看着办吧。"

※ 孔子周游列国

桓魋领命回去以后，就密嘱心腹，挑选几十名家丁换上杂色衣服，准备趁清晨孔子和门人在大树下煮茗清谈的时候，一拥上前，杀他个措手不及。

翌日拂晓时分，几十名乔装盗匪的家丁埋伏在大树附近候命。领头的在大雾弥漫中远远望去，由于大树的枝杈甚多，看起来好像人影幢幢。他一声令下，一伙人持械扑杀过去，把树枝砍得七零八落，却不见一个人影。他们赶紧掉转头来，奔向行馆，里面却空无一人。

原来，孔子一行人早就得到子罕的通知，预先逃走了。桓魋得报后，气得咆哮如雷，下令发兵追赶。可是孔子早已走远，已经追赶不及，桓魋只好败兴而回。

孔子适郑

郑国就是现在河南省的新郑。周宣王把他的弟弟友封于陕西省华县西北，平王东迁，徙于济西、洛东、河南、颍北四水之间，是为新郑。

当时郑国有位贤相公孙侨，字子产。他主政时宽猛并济，内以礼法驭强宗，外以口舌折强国，使郑国虽然处于晋、楚两大国之间，却始终能保持安定，未受战祸。孔子对他极为推崇、景仰，因此，想到郑国去看看。

从宋国逃出来的时候，有一部分弟子和孔子走散了。

子贡首先抵达郑国，他四处打听，不知道孔子等一行人是否到达。

※ 子贡庐墓处

当时有一个人告诉他说："我在东门看到一个人，身高九尺以上，眉高额阔，很像唐尧；颈似皋陶，肩像子产。自腰以下，不及禹者三寸，一副不得志的样子，好像是丧家之犬。"

至圣先师——孔 子

※ 伊尹

子贡连忙赶到东门去，果然见着了孔子，高兴得不得了。孔子问他怎么会找到这儿的，子贡不敢隐瞒，就把刚才听到的话，一五一十地说了出来。

孔子笑着说："他把我和古圣贤相比，未必恰当，倒是把我形容成丧家之犬，非常妙！妙极了！"

子产见到孔子驾临，热忱地接待。孔子对于他出任郑国宰相，周旋于晋、楚二强之间，能使兵车之辙不留郑境，而且君臣和睦，万民安乐也称羡不已。

子产摄行相事多年，周旋于二强之间深感苦恼，特向孔子求教。孔子告诉他说："国家之存亡兴衰，不在疆域之大小。当年成汤居亳，地仅七十里；文王居丰，武王居镐，地仅百里，当初的处境和贵国相似，到后来，还不是统一了天下么？"

子产谦逊地答道："敝国虽不敢希冀汤武的盛业，但请夫子指点，汤武究竟如何奉事上国，终能统一天下呢？"

孔子说："很简单，不外修德以待天时，举贤以佐国政。成汤得伊尹、文王访太公，就是很好的例子。"

子产称谢道："谨受教。"

子产曾多次邀请孔子同朝为官，孔子都婉言辞谢了。子贡为此疑惑不解地询问孔子说："夫子一向抱持匡君泽民之心，为何不答应他呢？"

孔子说："子产当相国多年，尚未能力图自强，我有什么才能，能够胜过他呢？"

孔子准备到陈国去走一趟。

※ 子产

在陈三年

公元前492年,孔子已经六十高龄了。两年前他离开卫国时,本想直接到陈国来的。路经匡城时,被匡城人误认为阳虎,饱受一场虚惊。后来,又被蘧伯玉接回去,以后一直没有如愿。

孔子到达陈国后,陈国的君主缗公对孔子非常礼遇,他也很虚心,经常向孔子求教。

※ 孔子讲学

※隼

一天，从鲁国传来消息说，鲁都发生了火灾，且延及宗庙。

缗公把这件事告诉孔子，孔子却肯定地说："不会殃及宗庙的，一定是桓公、僖公的庙。"

缗公心想，你又没有身历其境，怎敢如此肯定？一肚子的狐疑，他忍不住问道："您怎么知道不会殃及宗庙？水火无情，它会长眼睛么？"

这句话当然很不客气，孔子却正色回答说："祖先里面有功绩的尊之为祖，有德行的尊之为宗，因此立庙奉祀，以示不忘先祖之功业。鲁国的桓公、僖公并没有什么功德，他们的庙本不该留下，只

因鲁公不忍废弃，所以保留至今。但是，人是拗不过天命的，我想它一定难逃天灾。不相信，您等着瞧吧。"

过了几天，鲁国又传来消息，果不出孔子所料，焚毁的正是桓公、僖公的庙。从此，缗公对孔子更加敬服。

有一天，一只隼（比鹰略小的鸟类）掉落在缗公住宅的庭院里，鸟身上带有一支箭。箭头是石头制成，箭杆长一尺八寸，是陈国从未见过的。他就这件事去请教孔子。

孔子把箭接过来，端详了一会儿，说："这只隼是很远的地方飞来的，因为这种箭是肃慎国（古代的国名，今东北的中北部）所产。当年周武王灭了商朝以后，就和各地不同的民族恢复往来，他们呈献各自的特产给周朝，肃慎呈献的就是这种石箭。"

"武王曾把这些贡品分赠给亲族及异姓诸侯。缗公的先祖虞胡公娶武王的长女大姬为后，她的嫁妆里面就有这种石箭，目的是联络感情，同时使异姓诸侯知所效忠，毋忘周朝的恩德。我想，大王的府库里一定可以找得出来的。"

缗公随即命人去清查府库，果然发现当年武王所赠的石箭，缗公对孔子的博学更是佩服得五体投地。

三度赴卫

当时的陈国，处于吴、楚二强之间，这两个大国都怀有野心，因此陈国上下都惴惴不安。

孔子觉得此地身处险境，不便久留，但究竟何去何从呢？

论关系，和鲁国较密切的是卫国。当年离开卫国前，好友文子将军曾坚请"必须留贤而行"。因此，孔子的弟子中，有几位被留了下来，在卫国出仕为官。

孔子很想回到卫国去看看，一则和故友叙旧，同时也想亲自了解一下弟子们在卫国的政绩。

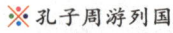
※ 孔子周游列国

孔子的想法得到弟子的积极响应，一行遂整装赴卫。当他们进入卫国国境，到达蒲邑（河北省长垣）时，又遇到了麻烦。

卫灵公无故想废掉世子蒯聩，而卫国的公叔氏是反对南子这一党的人，他为此竭力反对，据守在蒲邑准备反抗。听说孔子又将去卫，深恐对己不利，于是出面阻止，他派了几百士兵，把孔子住的地方团团围住。

孔子的弟子公良孺素极勇敢，他以自己的私车五乘跟随着孔子，以便随时保护。他见到蒲人蛮横无理，就向孔子表示说："过去我追随夫子，曾在匡受惊，在宋遇险，而今又无缘无故地被人围困，这难道是命中注定的吗？与其让夫子再受侮辱，不如让我去和他们决一死战。"

孔子劝慰他说："凡事得先弄清楚，不可鲁莽。所谓先礼后兵，你先去问问他们，为什么要把我们围困在此地，然后再作计较。"

公良孺不敢违命，他仗剑走出客舍大门，怒目圆睁地大声说道："我们的夫子是鲁国的孔子，路过此地，他老人家和你们素无冤仇，你们为什么要为难他？"

士兵们见到这位威仪勇猛的人前来责问，不敢怠慢，赶忙去报告公叔氏。

公叔氏匆匆赶来，他和蔼谦恭地先自行介绍，然后解释说："只因卫灵公被女色所惑，他宠幸南子，听信谗言，企图逼亡世子，简直是灭绝天伦，我们准备集合此地的人民，兴师问罪，以保宗社。

"我们久仰孔子是当世的圣人，他如果去帮助卫灵公，对我们就不利，故而出此下策。但我们并无加害之心，只要他答应不去卫国，我们可以马上放行，决不留难。"

这一段话，孔子在屋内听得清清楚楚，不待公良孺来回报，就遣子贡去答复说："孔子准备改道前往晋国，以报聘赵简子。"

公叔氏的为人也很机警，他要孔子立盟才肯放行。孔子把他请到客舍的大厅上，宾主坐定后，略作寒暄，孔子引入正题。他说："南子的专宠恶行，我素来十分憎厌，我如同孤云野鹤，到处游荡。既然卫国内部起了纷争，我计划改道前往晋国以应赵简子之聘。"

公叔氏一听，满心欢喜，立刻下令解围，并亲送孔子一行走出东门。

子贡驾车，走到卫、晋分岔路口时，孔子指示他直往卫国而去。

子贡不解地问道："您不是已经答应过公叔氏了吗？怎可悔约？"

孔子告诉子贡说："阻我的去路，是不仁；逼我立盟，以逼他犯上叛逆的野心，是不义。不仁不义的盟言，神人共弃，可以不必理它。"

卫灵公听说孔子又来卫国，高兴万分。他正因国内的政局不稳，为了世子的问题大伤脑筋，孔子来了，正好向他请教。

有一天，卫灵公问孔子说："我可以伐蒲么？"

孔子答道："当然可以，叛逆的臣子，应该讨伐。"

卫灵公说："可是，很多臣属都不大赞成，他们认为蒲邑是我国的屏藩，派重臣驻守，防御强邻晋、楚。如果去攻伐，有把握吗？"

孔子说："公叔氏既存叛逆之心，败则献蒲投晋。但蒲邑人士多半不愿归附晋国，所以，肯为公叔氏效命的，只不过寥寥之数，如今出兵讨伐，必定可操胜算。"

卫灵公点头称是，但始终不能下定决心。孔子知道卫灵公已老，不思振作，颇感失望。

有一天，孔子坐在屋子里击磬（石头制成的一种乐器）作乐。恰好有一位背着草筐的老人从门前经过，他驻足下来，侧耳倾听。孔子演奏完毕后，这位老人高声说道："这位击磬的倒是一位热心肠人，可是他太固执。从磬的声音又响又急来判断，唯恐别人不注意他似的，其实，没有人知道也就算了，何必焦灼呢？"

孔子何尝不知道这位隐士在嘲讽他？但孔子心同天地，视天下为一家，他那种匡时济世的胸怀，没有一日敢忘。他总是自强不息，一切尽人事而听天命，知其不可为而为之。他绝不消极，他不是那种无道则隐的悲观主义者。这就是他周游列国的主要动机。

卫国终于发生了政变，太子蒯聩企图刺杀南子，事情败露，逃往晋国去投奔赵简子。

卫灵公居然准备用兵作战，他想听听孔子的意见。孔子知道卫灵公已经老迈糊涂，这种家庭间的争执，何至于要大动干戈？再说，晋是个大国，没有堂堂正正的理由，怎可兴兵作战？

孔子考虑了半响，答复他说："若是谈到祭祀天地、祖先的事，我倒是学过的。至于练兵打仗，我可不懂。"

卫灵公听了这话，当然满肚子不高兴。以后再和孔子谈论事情的时候，往往心不在焉，有时还会抬头看着天上的飞雁。孔子认为，这里不可久留了。

至圣先师——孔 子

陈蔡之厄

公元前489年,孔子六十三岁。吴国大举攻陈,由于陈一向尊楚君为盟主,因此楚昭王亲自率军助陈反攻,驻军在城父(安徽省亳东南)。孔子听说楚昭王非常开明,有心想到楚国去走一趟,楚国也急需人才,派人来邀请孔子。

从陈国到楚国去,要经过一些吴、楚两大强国经常争夺的小国,其中有一个就是蔡国。它的国都本来在河南省的新蔡,在吴、楚争夺过程中,一度倾向吴国而迁往州来(安徽省凤台),但是有一部分人却被楚国迁到负函(河南省信阳)。如果要去楚国,就必须经过名义上属于蔡国的负函。

这一段路程正是吴、楚交兵的地带,非常危险,孔子等一行人只好冒险前进。

当陈、蔡两国知道孔子准备去投奔楚国时,他们可都着了慌。他们深恐一旦楚王重用孔子,楚国就更为富强。楚君早有称霸天下的野心,行将吞并各国,而陈、蔡两小国恰好首当其冲,因此必须对孔子

※伯夷

一行加以阻止才行。商量的结果是派出士兵去把孔子一行团团围住。他们并不想加害于孔子,只是想断了他们的粮食供应,使他们打消去楚国的念头而已。

孔子和弟子们被困在荒郊野外,粮食越来越少,由三餐改为两餐,再改为一餐,眼看就要断粮了。

弟子们饿得头晕目眩地躺在草地上叹息。孔子照常讲学、抚琴、唱歌。

子路的脾气火暴,觉得有点不耐烦了,他问孔子说:"请问您,君子也有穷困的时候吗?"

孔子说:"君子原本也有穷困的时候,但穷困中仍守本分。小人一旦穷困就会不顾一切地去为非作歹了。"

孔子又继续对弟子们解释说:"《诗经》上说,不是牛也不是虎,但游荡在旷野。同样地,我们何以会在旷野受苦,你们知道吗?"

子路抢着回道:"也许是我们不仁,所以人们不相信我们;或者是我们无智,所以人们不能实行我们的主张。对不对?"

孔子摇摇头说:"如果仁者必能见信于世,那么,伯夷、叔齐就不致饿死首阳山了。如果智者必能用行于世,那么,臣子比干就不致遭到剖心了。"顿了一顿,又再剖析说:"你们要知道,遇或不遇要靠时机,君子博学深谋而怀才不遇的,多得很呢。生长在深谷的幽兰,并不因无人欣赏就不散发清香。君子修德立道,不可因穷困而败节,当年晋公子重耳困于曹卫而生霸心,越王勾践困于会稽卒能图强。"

子路默然而退。

子贡过来的时候,孔子又用同样的话问他,子贡恭敬地回答说:"也许是夫子的道理太深、理想太高,所以到处不能相容。若是把它略为降低些,说不定可以行得通。"

"赐啊!你要知道,一个终年辛劳的农夫,也不能保证年年丰收,遇到天灾,他仍然无能为力。一个手艺精巧的匠人,他所制作的东

※ 叔齐

至圣先师——孔子

默然退下。

接着,孔子把颜回叫过来,还是问以同样的问题。

颜回说:"夫子的理想高、道理深,到处不能容纳,可是夫子还是可以努力争取。别人不相容没有关系,这正显出有道德学问的人的涵养功夫。

"如果说,我们自己还没有把道修好,这是我们的耻辱;如果道已修好,而不能见用,那是掌理国政的人的耻辱。所以,不为世所容,绝不足以为虑。"

孔子听后,欣喜不已,对颜回大大地夸赞一番,并且把这番话转而安慰大家。

围困到第六天,存粮已经告罄,迫于无奈,只好冒险突围去求救兵了。

子贡自告奋勇愿意一试。他趁晚上昏黑之际,偷偷地潜至包围圈附近,伏下身体,细察动静。由于连续围困多日,那些士兵多已疲惫不堪,抱着戈矛蹲在草地里打瞌睡。子贡悄悄地摸了过去,轻易地穿过了封锁线。但他仍不敢怠慢,星夜赶往负函去向楚军求援。

孔子和弟子们被困在陈、蔡之间总共七天,楚军派来外援,这下子总算脱离了险境,而且马上被护送到了楚国。

知识链接

颜 回

颜回(前521—前481年):曹姓,颜氏,名回。春秋末鲁国都城人(今山东曲阜市陋巷街)。字子渊,亦颜渊, 孔子最得意弟子。《雍也》说他"一箪食,一瓢饮,在陋巷,人不堪其忧,回也不改其乐"。为人谦逊好学,"不迁怒,不贰过"。他异常尊重老师,对孔子无事不从,无言不悦,以德行著称。孔子称赞他"贤哉回也","回也,其心三月不违仁"(《雍也》)。可惜颜回不幸早死。自汉代起,颜回被列为七十二贤之首,有时祭孔时独以颜回配享。此后历代统治者不断追加谥号:唐太宗尊之为"先师",唐玄宗尊之为"兖公",宋真宗加封为"兖国公",元文宗又尊为"兖国复圣公",明嘉靖九年改称"复圣"。山东曲阜还有"复圣庙"。

西,未必每个人都合意。你不在修道方面去下功夫,却希望博得世人的欢迎,你的志气未免太小了,这是不对的。"

子贡受教后,虚心地接受,也

转往楚国

黄河流域是中华文化的发源地，当时的江南地带及长江流域仍被视为蛮夷之地。楚国虽然有强大的武力，充满新兴景象，但中原人士仍把它看作野蛮的国家。

楚昭王由于申包胥哭于秦廷，取得救兵，终于复国。他曾拒绝属下的建议，不祭河神。孔子称赞他不越祀、不媚神，认为他是有道之君，很想去见见他。

楚昭王虽在病中，却抱病出迎。他对孔子极为礼遇，经常向孔子请教为政之道，并且准备把书社地七百里封给孔子，却遭到令尹（楚国的官名）子

※黄河

至圣先师——孔子

的属下有人能够及得上子贡的辩才吗?"

楚昭王:"没有。"

子西:"冲锋陷阵、勇冠三军的将才有人及得上子路吗?"

楚昭王:"没有。"

子西:"王上的辅佐,有人及得上颜回那么优秀吗?"

楚昭王:"也没有。"

子西:"办理政事,有人及得上宰予的才干吗?"

楚昭王:"没有。"

子西继续鼓起他如簧之舌,说:"当初我国受封的时候,仅只数十里,后来逐渐垦拓,才扩展到今天的局面,实在得来不易。

"孔子的政治理想向来是主张遵从古制,他要重新实现周代的遗风,如果采用他的主张,我们楚国将如何维持堂堂数千里的国势?

"从前周文王在丰、武王在镐,地仅百里,他们能够修德行仁,终于成就了兴周灭纣的功业。

"如今,孔子名闻天下,他的弟子中,人才济济,文武兼备的不乏人在,一旦将封地给了他,恐怕不出多久就将……"

一向多疑的楚昭王不待他说完,就打断他的话说:"我知道了,不必再说下去。"

从此孔子被冷落下来。有一

※ 宰予

西的妒忌。

子西暗想,孔子在鲁国时出任大司寇,政绩远播,一旦楚王重用孔子,我将失势,因此必须加以阻止。他首先不使孔子获得封地,孔子没有禄养,自然不能久居,最后自动离去,这样才不露痕迹。

子西计议已定,于是向楚昭王进谏说:"如果办理外交,我王

※ 斗笠与蓑衣

天，孔子和弟子们在郊外散步时，见到一个披头散发的狂人，一面走一面唱歌。

这个人姓陆名通，字接舆。他鉴于楚昭王政令无常，故意披头散发，佯作癫狂状态，人们都称他为"楚狂"。

他唱的歌词大意是：

凤啊，凤啊。
一直未蒙录用，
竟然衰落到如此地步！
过去的已经过去，
未来的还可挽回。
算了吧，算了吧！
乱世的政治无所作为，
从政的人很危险啊！

孔子听了他的歌，心有感触，正想走过去攀谈一番，他却疯疯癫癫地一溜烟跑走了。

又有一次，孔子走到一条小河边，远远有一艘小渔船划了过来，船上站着一个头戴斗笠身披蓑衣的渔夫，他一面划船一面歌唱，歌词的大意是：

沧浪的水清澈，
可以洗涤我的帽缨。
沧浪的水混浊，
可以洗我的脚。

孔子知道，前次遇到的狂人和今天见到的渔夫，都是高深的隐士。从他们的歌声里能深深感觉到，在楚国是无所作为了。

孔子的心情和他们有所不同。他们只求独善其身，苟全性命于乱世，清高、雅洁固然没错，但对世道、人心有何裨益呢？

孔子一生怀抱着匡时济世之心，要使天下无道变为有道，他只知爱民，而不计较个人的利害得失。孔子曾说过，如果天下太平，他又何必如此栖栖惶惶地劳碌奔波呢？

总结为一个字，这就是"仁"。仁，是孔子理想中的做人的最高准则，也是孔子思想的核心。

至圣先师——孔子

倦游归鲁

孔子已经六十三岁,是名闻天下的大学者,被人们尊为当代圣人。他桃李满天下,各国争相礼聘。弟子中在卫国出仕为官的最多,孔子也把卫国视为第二故乡,他准备四度返回卫国去看看。

卫灵公已去世三年,现在由他的孙子卫出公主政。他也很盼望孔子能来协助他。

当时担任卫国蒲邑宰的子路,听说老师到来,高兴万分地前来迎接。

子路问孔子说:"如果卫君请您协助他治理国政,您首先做的是什么?"

孔子说:"第一步当然是正名号,使得职务和名义相称,名称和实际完全相符。"

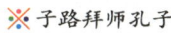
※ 子路拜师孔子

子路说:"您也算得上是迂腐了。做事何必先从正名定分做起呢?"

孔子乘机教训他说:"子路啊,你怎么如此地粗鲁!你要知道,君子对于自己不明白的事,大都暂放一边,不妄加反对。你要知道,名分不正,说起话来就不能顺理。说话不顺理,事情就不能成功。做事不成功,礼乐就不能兴起来。礼乐不能兴起,刑罚就不能用得适当。刑罚不适当,人民就会因慌乱而弄得手足无措。"

"所以,君子先定下名分,在道理上才可以说得过去。话说得过去,事情才可以办得通。君子对于自己所说的任何一句话,都不敢随便苟且的啊!"

当年子路被任命为蒲邑宰,在他赴任以前,向孔子请示施政方针。因为他过去在鲁国虽曾做过季氏的家臣,但在他国任职这还是头一遭,心中不免有几分紧张。

孔子告诉他的只有简短的两句话:"先之,劳之。"

意思是,为政者必须先以自己做榜样,吃点苦头,才能使百姓敬服。

子路又再追问说:"其次呢?"
"无倦。"

意思是,做任何事,都得有始

知识链接

礼乐制度

公元前1046年到公元前771年是中国历史上的西周时期。为了加强统治,周王朝初期的统治者实行了"封诸侯,建同姓"的政策,把周王室贵族分封到各地,建立西周的属国。周武王死后,年幼的成王继位,武王的弟弟姬旦即周公辅政。周公旦是位德才兼备并且忠心耿耿的臣子,曹操的《短歌行》中曾以"周公吐哺,天下归心"来赞扬他的忠诚与认真。周公在"分邦建国"的基础上"制礼作乐",总结、继承、完善,从而系统地建立了一整套有关"礼""乐"的完善制度。

礼乐制度是以乐从属礼的思想制度。以"礼"来区别宗法远近等级秩序,同时又以"乐"来和同共融"礼"的等级秩序,两者相辅相成。在统治阶级内部所设定的等级具体表现为"天子八佾,诸公六,诸侯四"。古代舞队的行列,八人为一行,叫一佾。按周礼,天子的舞队用八佾(即六十四人),诸公六佾,诸侯四佾,士二佾。这样,阶层不同从而使用舞队人数的不同,是为了给人们灌输君权至上,无人能与之相抗衡的等级秩序思想。

至圣先师——孔子

有终，不可怠惰偷懒。

孔子知道子路的性格豪爽而急躁，所以又再叮咛说："蒲地的人生性凶顽，你得小心注意才是。你在态度上必须谦恭谨慎，你以诚意对待他们，他们就会信服你。处事要公正、宽大，不可滥施刑罚，多关心他们的疾苦。我相信，你一定会成功的。勉之，勉之。"

子路谨记老师要多多关心民间疾苦的言论。因此，到任以后首先赴各地视察。他发现该地经常有水患，于是决定先修水利。

他和老百姓一起工作，早出晚归，比一般老百姓更勤勉、更辛苦。而且还自掏腰包去慰劳他们，百姓们都感激不尽，个个奋勇尽力，丝毫不懈怠。

孔子听到这件事，就派人去告诉他，说他处理得不当。

子路一肚子的怨气。子路心想：我自己和百姓们一块儿工作，已经够辛苦的了；我看到百姓们饿着肚子抢修堤防，就自掏腰包让他们吃饱了，才有气力工作；却不料，老师反认为我处理不当，我真百思不解，必须去问个明白。

当他见着孔子，孔子早已知道他的来意，还没等他开口，就和蔼地对他说："你心里有疑问，我知道。我并不是说你兴修水利有什么不对，而是说，百姓们为了预防灾害而从事于地方建设，不能让他们饿着肚子工作，你应该向上面报告。上面会通知下来，将谷仓中的米谷分发给工作的人，表示为政者也重视这件事。"

"可是，你现在的做法等于是说，君主不仁，只有你才是仁慈

知识链接

子 贡

端木赐，字子贡，（公元前520—公元前456年），政治家，儒商之祖，官至鲁、卫两国之相。是孔门七十二贤之一，孔门十哲之一，春秋末期卫国（今河南省鹤壁市浚县）人。他是孔子的得意门生，且列言语科之优异者。孔子曾称其为"瑚琏之器"。他利口巧辞，善于雄辩，且有干济才，办事通达。他还善于经商，曾经经商于曹、鲁两国之间，富致千金，为孔子弟子中首富。相传，孔子病危时，子贡未赶回。子贡觉得对不起老师，别人守墓三年离去，他在墓旁再守三年，共守六年。《论语》中对其言行记录较多，《史记》对其评价颇高。

※ 吴王夫差铜像

的圣人。万一有人向君主进谗，说你是沽名钓誉，甚至诬陷你争取民心，图谋不轨，那就危险了，你懂吗？"

"原来如此，为政还真不易呢！感谢老师的指点，我已经懂了。"

这一次，孔子再来卫国，子路就邀请孔子到蒲邑去看看，以便再听取老师的指示和教诲。

孔子命子贡驾车，前往蒲邑。

一路上只见河流畅通，道路平整，四通八达。

孔子不觉赞叹地说："子路一定很勤谨而得人和。"

车子进入蒲城时，孔子又夸奖说："子路做事，既切实又宽厚。"

车子到达子路住宅的庭院时，孔子又说："子路管理有方，临事勇断。"

子贡听到孔子连续不断地夸奖，心中不免有点疑惑。他说："您还没有听到子路的报告，就连连赞叹不止，可否请您说一说您的观感？"

孔子微笑着说道："我们一路走来，看到阡陌分明，毫不凌乱，而且河流、沟渠畅通，道路平整而四通八达，可见子路做事谨慎勤勉，深得人心。进得城来，看到城墙及各项建筑都很坚实，林木也很茂盛，这表示子路做事切实宽厚，不做表面文章，虚应了事。最后看到他住的庭院，整洁、静肃；仆人们礼貌周到，殷勤接待，可见他管理有方，临事勇断。这样可观的成绩还不值得夸奖么？"

孔子从不轻易夸赞别人，尤其是自己的弟子。恭立一旁的子路听了孔子这席话，感动得热泪盈眶。因为，平时挨骂最多的就是他。

至圣先师——孔子

现在再来叙述鲁国的情况。

从前,在鲁国的北方有一个强大的齐国在威胁着他们,现在南方又多了一个吴国。

吴国,周朝初年泰伯居于此,位于江苏省无锡。传到梦寿时称王(公元前585年),国境日益拓展,包括淮、泗以南至浙江省嘉湖。传至夫差时,为越国所灭(公元前473年)。

当时的吴国和楚国同被中原人士视为蛮夷之邦。

本来,中原各国的诸侯曾有约定,如果没有堂堂正正的理由,是不能互相侵犯的。

可是,被视为蛮夷之邦的南方新兴国家,例如吴、楚等国,却不理这一套,只要能开疆拓土,管什么名分不名分。

其中最蛮横的就是吴国,经常以武力侵略邻近小国。不但如此,甚至还想称霸中原。

当年,齐景公和鲁国会盟于夹谷,就是因为生怕吴、鲁结盟而威胁到齐国。

如今,吴国已经吞并了鲁国南方的一些小国,正企图用合纵连横的策略达到称霸中原、取得盟主地位的终极目标。

当时的局势日益紧张,在这种险恶的情况下,各国为了应付当前危机,都急于征聘人才,以图富强而捍卫国土。孔子的弟子多半被各国礼聘而去。

孔子的弟子受教于孔子,都想实现孔子的政治理想。因此,也都全力以赴。这些人有的能文,有的能武,也有的文武兼备。

孔子自身由于一天天老迈,已不想出来做官。他以在野身份协助弟子们从政,做他们的精神支柱。

公元前494年,吴王夫差打败越王勾践于夫椒,吴国的势力越发扩张,鲁国已经深受威胁。鲁哀公七年时,吴国和鲁国在鄫城(山东省兰陵县)举行会谈。吴国强行要求鲁国以百头牛、羊、猪作为献礼,这是超越了当时礼制规定的数字,鲁国慑于吴国的威势,只好如数奉上。

※ 吴王夫差石雕

※汶水

吴国又要求季康子亲往吴国去谈判,季康子深恐前往受辱,幸亏用了辩才了得的子贡去交涉,才获得外交上的胜利,总算把事情应付过去。

第二年,吴国出兵攻鲁,幸有七百名英勇武士拼死抵抗,吴国只好退兵。孔子的弟子有若曾经参加了这次战役,建立了不少功劳。

这时候,阳虎在晋国企图帮助卫国的流亡太子蒯聩回国继位,他本想出兵伐卫,但又顾及鲁、卫是兄弟之国,晋若出兵伐卫,鲁必前来相救。后来,他心生一计,齐、鲁本是世仇,现在可以游说齐君索回汶阳之田。如果鲁国不答应,就出兵去讨伐。

齐简公果然被说动,派使臣去鲁国索要汶阳之田,鲁国自然不答应。于是,齐简公命国书为大将军,高无平、宗楼为副,率领兵车一千乘向鲁国进发,直到汶水扎营,并派人去下战书。

季康子马上召请冉有来商量对策。

冉有说:"国难当前,我愿率军出战。另外再派伯牛去通知仍在卫国的孔子,请他从旁协助,以解鲁危。"

季康子非常高兴,立即任命冉有为左大将军出发御敌,派樊迟为车右。

樊迟也是孔子的弟子。他精通

战略，尤其精于箭术，几乎百发百中，他为车右，与冉有合力抗齐。

大军浩浩荡荡开到汶水，渡河命令一下，士兵们个个奋勇争先，誓死保卫疆土。

冉有亲率大军，以迅雷不及掩耳之势直捣敌营。齐军措手不及，只落得弃甲丢兵而逃，冉有紧追不舍直到数十里外，才鸣金收兵。

齐国的国书，本不是什么名将，经此一战，溃不成军，早已吓破了胆，赶紧收拾残军并派人返国告急。

这时候，孔子也已得到消息，派遣子贡到齐国去向权臣陈恒游说，希望他能罢兵休战。

陈恒的内心本来也就希望国书战败，好趁机削弱他的势力，子贡既来劝他罢兵，正好趁此收场，于是一面奏请齐君下令撤回军队，一面遣使到鲁国去重修旧好。

当冉有班师回都时，季康子亲迎于郊外，两人执手庆祝，并设宴庆功。

酒过三巡，季康子满面笑容地问冉有说："恭贺你旗开得胜，但不知你这种军事才能是无师自通，出自天性呢，还是学来的？"

冉有答道："是向孔子学的。"

"孔子怎懂得军旅之事？"季康子有些惊讶。

冉有说："孔子是无所不晓的学者，文武均通。我只不过学得一些战法而已，至于韬略还谈不上呢！"

季康子除了欣赏冉有那种功高不居的谦逊态度外，对孔子也格外地钦敬和仰慕。

这场战事是鲁哀公十一年（公元前484年）发生的，孔子时年六十八岁。

季康子一心想请孔子回国，他和冉有商议说："我想邀请孔子回国，你以为如何？"

冉有说："多年前，夫子任大司寇时的政绩，想必您也略有所

※ 冉求（冉有）

※孔子

闻。如想请他老人家回国,万万不可以一般人的态度对待他,否则,再多的俸禄他也不会接受的,而且要有始有终,不能听信小人的话,不能冷淡他而受诸侯的窃笑。"

季康子说:"我知道了。"

且说卫国的孔文子(孔圉)和孔子本是旧交。孔子一直认为他是一位贤人,每次来到卫国,必定会去看他,也常常住在他家里。

这一年,文子家里正在闹家务纠纷,文子计划杀害他的女婿,他向孔子请教,并请孔子帮忙。

孔子大感意外,深悔过去看走了眼。他回答文子说,家务纠纷,外人无法置喙。

孔子叹息着说:"鸟类能够选择栖息的树木,树木岂能选择鸟类?"

文子看出孔子已有离开卫国的意思,赶忙向他致歉说:"我之所以一再坚留,并不是为了我自己,而是希望您能协助年幼的卫出公,这完全是为国家着想,请不要因为我家的私事而愤然离开。"

孔子被他这么一说,倒有点左右为难,幸亏鲁国使臣来到,才替孔子解决了这个难题。

当年在鲁国国内,最反对孔子的是公宾、公华、公林三个人。这次季康子奏明鲁哀公要重用孔子,为了表示诚意起见,鲁哀公特地命令他们三个人带着厚礼前往邀请。

孔子正好借此摆脱文子的苦缠,毅然返回已经离开十四年的鲁国。

一些在卫国从政的弟子,听说夫子即将束装归国,也都纷纷弃官相随。

孔子对鲁哀公和季康子的为人早有印象,他们的邀请虽然情意恳切,但孔子心里并未寄予太大的期望。

不过,一别故乡已有十四年之

至圣先师——孔 子

久,如今能有机会回去一趟,孔子仍然掩不住内心的兴奋,他已决心结束流浪的生涯了。

公元前484年,也就是鲁哀公十一年的秋天,孔子返回阔别已久的故乡,一路上感触万分。

孔子回想这十四年间辗转于各地,接触到各种各样的人物,也遇到几次意外的惊险。而自己的政治抱负始终未能有所施展,甚至遭受猜忌,险遭杀害,流落到郑国时还被喻为丧家之犬。

至于那些自命清高的隐士们,他们歌咏、嘲讽,如今想想,倒还蛮有人情味,不由得感到惋惜。

将届古稀之年的孔子,他的政治见解早已成熟,对政治生涯也看得很淡,他觉得不朽的事业应以教育为先。

想着,想着,已经抵达曲阜郊外,弟子冉有等人早就等候多时。

对一般百姓来说,孔子终于返国,这让他们雀跃不已。当年孔子任大司寇时的政绩,他们记忆犹新。他们一致认为今后又可重见政和邦宁的安乐日子了。

至于鲁哀公和季康子他们又是怎么想呢?目前鲁国处在两强之间,北有世仇的齐国,南有新兴的吴国,一南一北,虎视眈眈;国内则政纲废弛,国力日弱,尤其是与各国间的外交更是一个难题。为了应付客观局势的需要,有时不得不和一些国家缔结密约以暂保平静。可是,事情一旦暴露,难免不受责难,尤其是虎狼般的强国们更是得罪不起。

※ 阎立本作品——孔子弟子图

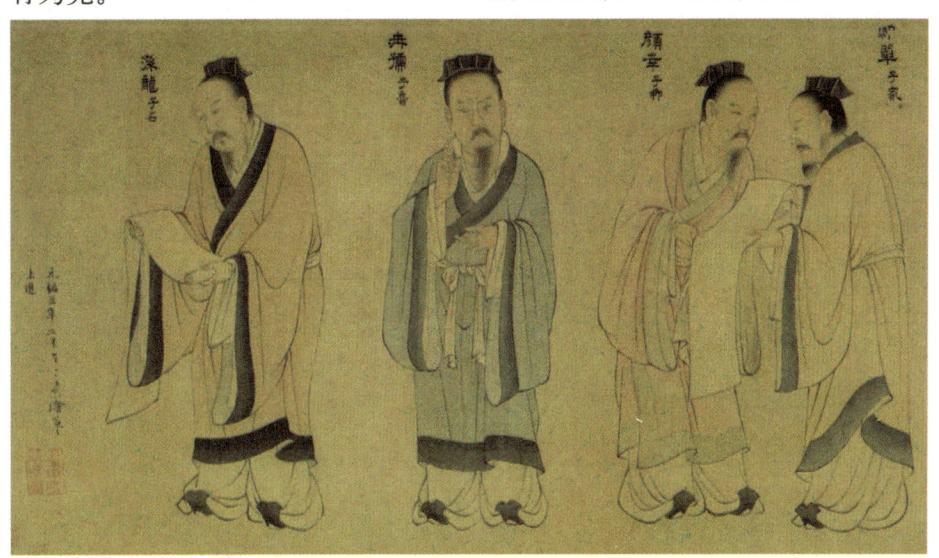

他们认为孔子在各国游历多年，对各国的政情必然有深入的了解，应该能对这个棘手的难题提供宝贵的意见。

鲁哀公和季康子均认为可以问政于孔子，但不准备让他实际秉政。

鲁哀公第一天接见孔子的时候，开头一句就问孔子说："请你告诉我一些为政的道理。"

孔子答道："很简单，用人的时候，必须加以选择。选用优良的官吏，政治必然会上轨道。"

话虽然简单，却语意深长。

有一次，季康子向孔子问政。

孔子说："选用正直的人，摒弃邪恶的人，百姓自然会服从。如果在上的人都是正直之士的话，那么在下的受到感化，也都会变得正直了。"

季康子鉴于盗窃案件日增，就这件事请教孔子。

孔子干脆坦白地告诉他说："遏阻盗风的首要之途是无欲、戒贪，只要自己不贪得无厌，即使你奖赏别人去窃盗，他也不会干的。"

季康子想用重刑来改变社会风气，孔子不客气地说道："在上的人，决心为善为正，做一个好榜样，人民就可安居乐业，风气淳朴，社会安定。居上位的好比是风，下面的百姓好比是草，风吹到草上，草就会顺势弯倒下去。只要在上的好德乐善，老百姓还会做坏事吗？"

孔子对鲁哀公和季康子直言诤谏，毫不掩饰。因为他看到鲁哀公不能选贤任能，不能远离奸臣，所以劝他要慎重择人。至于季康子，孔子早就知道他处事不公，且贪得无厌，不能为民表率，所以毫不客气地当面指责他的错误。季康子每次去见孔子，听到的全是逆耳忠言，心里很不是滋味。之后，除非

知识链接

季康子

季康子（？—前468年），即季孙肥，春秋时期鲁国的正卿。姬姓，季氏，名肥，谥康，史称"季康子"。季孙肥之"孙"为尊称，"季孙"并不是氏称，"季孙某"仅限于对宗主的称谓，宗族一般成员只能称"季某"。故季孙肥为季氏，而非季孙氏。季平子生季桓子，季桓子生季康子。季康子，事鲁哀公，此时鲁国公室衰弱，以季氏为首的三桓强盛，季氏宗主季康子位高权重，是当时鲁国的权臣。

至圣先师——**孔　子**

※ 冉有向孔子请教政打颛臾的事

万不得已,他很少去亲近孔子。孔子并不热衷于仕途,对这件事也就淡然置之。

季康子生性贪婪,恣意剥削人民,广积不义之财。由于挥霍无度,入不敷出,他以解决国家财政困难为由,企图增加田赋。他想请教孔子,如果孔子认为可行,那么,他就不必背上什么恶名,一切责任都可以转嫁到孔子的身上去。

季康子心里这样盘算,但又不敢亲自去见孔子。他想到一个好主意——让冉有出面,因为他是孔门弟子,也是自己的家臣,由他出面去请孔子发表意见最为妥善。他编了一套冠冕堂皇的理由,让冉有借此去试探孔子的反应。

孔子想起自己初次担任官吏时的种种,他知道老百姓一年到头辛勤劳苦,不遇荒年还好,万一遇到荒年,真是苦不堪言。靠天吃饭的人民已经够值得同情了,怎能再增加他们的负担?何况并非真正是国家需要,只是为了填补私人的欲壑。所以,孔子根本就不赞成。

冉有往返跑了三趟,孔子总是一语不发,对这种无言的抗议,季康子应该死了这条心才对。但他仍旧再三打发冉有去试探。

最后，孔子觉得不耐烦了，对冉有说："你是我的弟子，你明知季康子是假公济私，怎可帮他搜刮？"

冉有在老师面前不敢再说假话，只好坦承说："弟子在季氏手下做事，他命令我这么做，我不好不从。"

孔子说："若要赋税公平，可以参考周公所定的税则，以圣王的法制为依归，总不会错的。"

事后，孔子痛心地说："冉有没有资格做我的门徒，弟子们，你们可以声讨他的罪恶。"

春秋时，鲁国有一个小小的附庸国，名叫颛臾（故城在山东费县西北），季康子准备去攻打它。

子路和冉有都是季氏的家臣，赶快跑来告诉孔子。孔子责备冉有说："是你策动的吧？"

冉有赶紧否认说："完全是季康子的主意，我们两人都不赞成。"

孔子说："先王封颛臾为东蒙山的主祭者，一向是鲁国的臣属。如今的鲁国邦域被三家瓜分，季氏独得两份，叔氏和孟氏各取一份，只剩下颛臾还算是公臣，竟还不放过它，季氏实在太过分了！

"你们两人深受季氏的器重，为何不力加劝谏？谏而不听，就当离去。周任曾经说过一句话：'权衡一下自己的力量，然后才去做；干不了，就不干。'

"譬如替一个盲人引路，眼看他有危险，却不去帮助他，眼看他将跌倒，却不去扶持他，那么，何必替他去引路？

"我觉得你们没有尽到责任。好比说，老虎逃出了笼，珠宝箱的美玉都碎了，难道说看管的人没有责任吗？"

冉有却还辩解说："颛臾的城堡极为坚固，而且靠近季氏的费城，如果现在不把它拿下，将来可能终为大患。"

孔子乘机教训他说："一个国家，不怕财富少，只怕分配不均；不怕人少，只怕社会不安。如果分配平均，就不会有贫困现象；如果大家和睦相处，就不怕缺少子民。社会安定以后，政权才能稳固。

"假如远方的人仍有不顺服的话，就以文化道德来感召，他们自然会被吸引过来。

"你辅助季康子多年，却不能使境内人民生活安定，不能吸引远人来归，反而动起干戈，我生怕季氏的忧患不在颛臾而是在内部呢！"

鲁哀公十四年，齐君被弑的消息传到鲁国，又激发起孔子的正义感。

在齐景公时代，齐国的田常（原是陈国的贵族，逃亡齐国后改姓田氏）自从晏婴死后便想谋叛篡夺君位，但是手中没有兵权，又惮于高、鲍两个重臣的威势，不敢轻举妄动。

后来，他终于找到了一个劝齐景公伐鲁的借口。齐景公准奏，命他训练军队，后来由于子贡的游说才未曾伐鲁，但他已兵权在握，为以后种下了祸根。

齐景公死后，三传至简公。简公过去曾经一度亡命于鲁，国内的实权都操之于田氏之手。当时简公的一名部下宰予（字子我）深受器重，简公返国继位后，就想把政权从田常的手中夺回来交给子我。他们彼此之间的冲突愈来愈公开化。

简公准备先发制人，下令子我率军讨伐田常，却不料消息事先被田常获悉，田常索性提前下手刺杀了简公，立简公的弟弟也就是平公为主。田常为宰相，继续掌握实权。

孔子生平最痛恨的就是叛臣、逆子。他虽然久已不问朝政，此时却按捺不住了。他斋戒沐浴后，郑重其事地奏请鲁哀公出兵去惩治这个弑君叛逆。

鲁哀公不像孔子那么富有正义感，而以利害得失为前提，他考虑良久，找了一个借口，说道："齐国强大，我们弱小，以弱攻强，有把握吗？"

孔子回答道："鲁国与齐国情谊深远，田常弑君，大逆不道，出兵讨伐名正言顺。再说，齐国自齐景公以后，被弑的已有三人，目前举国愤怨，情势极为紊乱，附和叛臣的只是少数。我们以堂堂之师前往征讨，必可获得齐国正义人士的跟随，胜负之数，不言可知。"

鲁哀公始终拿不定主意，何况实权都操在三桓之手，尤以季氏的势力最强。于是他敷衍着说："这件事牵涉颇广，最好和季康子商量后再作决定。"

孔子退出以后，叹息着说："我曾做过鲁大夫，遇到这种事，我不能不说。但鲁哀公不能做主，反要取决于季氏，真是可叹！"

孔子本不愿去见季康子，但责任在身不容推卸，只好硬着头皮去找季康子。

季康子自己也是一个目无君上的权臣，而且他和田氏还有私谊，当然不赞同孔子的主张，但又不好露骨反对。因此，他以另一个理由婉拒了孔子的建议。他说："田氏杀了齐君，随即立他的弟弟继位，情尚可恕。再说，他们国内政治上的纷争，外人似乎不便干涉，不知道你意下如何？"

※ 孔子之孙子思

孔子已经看穿了季康子的用心，知道事不可为，也就不再多说，愤然告别而去。伐齐的事，就此被搁置不提了。

孔子倦游归鲁，虽不愿出仕为官，但仍想以在野之身匡君救民，协助弟子从政。现在见到鲁哀公懦弱无能，实权仍操于三桓之手，而以季氏最为跋扈。眼见如此情势，愈加心灰意冷，准备将余年全副精力致力于教育事业，把希望寄托于下一代的身上。

这段时间发生了几件令他悲痛欲绝的不幸事件。

鲁哀公十三年，孔子七十岁的时候，他的独子伯鱼去世，享年五十岁。伯鱼生下一个儿子名叫孔伋，字子思。子思后来受学于曾子，也是著名的学者，被尊称为述圣。《中庸》就是子思所作。

三年前，在孔子还没有返回鲁国的时候，他的夫人亓官氏病逝。老年丧妻又丧子，终究是人间伤心事。

孔子有异母姊妹九人，他们的生平都没有被记载留传下来。孔子的异母哥哥伯尼生有一男一女，男孩名孔忠，字子蔑，也是孔子的弟子之一，后来在鲁国任官。女孩由孔子择配，因为其弟子南容为人谨慎，所以孔子就把侄女嫁给了他。

孔子自己除了独子伯鱼外，还生有两个女儿。一个幼年夭折，另一个嫁给自己的弟子公冶长。

又过了一年，孔子七十一岁时，他最得意的弟子颜回也去世了。

颜回，字子渊，亦称颜渊。他敏而好学，能闻一知十，从来不迁怒他人，不犯同一种错误，孔子最器重他。

颜回很穷，住在僻陋的巷子里，吃的是粗茶淡饭，喝的是一瓢清水，换了别人愁都愁死了，可是他依然快快乐乐地勤学不辍。孔子曾赞赏着说："颜回太好了！"

然而，一天，颜回陪孔子游泰山，回来不久就患病了，而且一天天加重，不到半个月就去世了。孔

知识链接

卫国

卫国,周王朝的同姓诸侯国之一。姬封,康氏、卫氏、子南氏、冷氏始祖康叔为卫国第一代国君。卫国地域大致在黄河北岸,太行山脉东麓的今河南省鹤壁南、新乡北附近(今卫辉市附近)。

周公旦伐定三监之乱,以弟弟康叔封为卫国诸侯,分殷商之民,护卫周王室。据《元和姓纂》及《通志·氏族略》等所载,周武王灭商后,赐同母弟封康邑,史称康叔封。周公旦又将原来商都周围地区和殷民七族封给康叔封,让康叔迁徙至殷商故都,建立卫国,定都朝歌(今河南鹤壁市淇县)为康氏最早的发源地。

子听到消息后,大喊:"老天爷要我的命啦!"接着放声痛哭。

有人在旁边劝慰说:"请别过分哀恸,保重身体。"孔子噙着眼泪说道:"哀恸吗?我竟忘了自己。我不哀恸他,哀恸谁?"颜回的父亲颜路想把死去的儿子葬得体面点,但是家里很穷,就跟孔子商量,希望把孔子的车卖了去换一副套棺。

孔子觉得很为难,因为按照古礼,大夫的车子是君主所赐,不能随便变卖。同时,大夫年老的时候必须有车子代步,不能步行。于是,只好直率地告诉颜路说:"除非是公侯卿相,否则不能棺椁并用。我儿子死的时候,也只是一层棺而没有椁,这是没法子的事!"

孔子的其他弟子也想厚葬颜回,但孔子认为哀悼一个人,不在表面,所以他没有答应。不过,大家还是设法募集到钱,厚葬了颜回。孔子事后叹息着说:"颜回待我如父亲,我却没能待他如儿子,使他葬得不合礼法,这是弟子们干的,我可做不了主。"

再过一年,子路死在卫国的任内。事情的经过是这样的。

※ 曾子墓

※ 颜回庙

当年,卫国的太子蒯聩看不惯南子的淫乱作风,准备杀死她,不料消息泄漏,没有达到目的,只好逃亡到晋国去。卫灵公就让他的孙子继位,即卫出公。

卫出公在位十二年后,父亲蒯聩企图返国夺位。他起初请赵鞅出兵相助,赵鞅没有答应。他就改变计划,派一名心腹回国去向孔悝的母亲求情。

孔悝是卫国的一位贵族,他的母亲也就是蒯聩的姐姐孔姬。丈夫去世以后,她和丈夫的一个名叫浑良夫的部下私通。浑良夫生得身长貌美,两人热情如火,孔姬大小事情都和他商量,于是,就派他到晋国去一探究竟。

蒯聩知道他是姐姐的情人,表示愿意支持他俩的爱情,而且答应在事成之后许以重酬。

浑良夫得到如此承诺以后,欣喜万状,立刻回国向孔姬报告,他说:"蒯聩亲口答应我,一旦他回国夺位成功,我俩的好事可成,再没有人敢讲话了。目前他所顾忌的只是孔悝的反对,他是你的儿子,你以母命叫他迎接舅舅返国,他敢不依吗?"

孔姬说:"蒯聩是我的弟弟,卫出公是我的内侄,还不都是一家人?何必多此一举?"

浑良夫提醒她说:"你要知道,以目前的情况,我只是你们家的小小家臣,既无地位,又没财势。而且我俩的关系只能偷偷摸摸,如果换上蒯聩,情况可就不一样了。你只为自己着想,就不为我想想吗?"

知识链接

卫出公

卫出公,姬姓,卫氏,名辄。卫国第29代国君,前492年—前481年、前476年—前470年在位。他是卫灵公之孙、卫后庄公之子,卫悼公之侄。

孔姬被他说得无言以对，就这样，他俩成了蒯聩的内应。

在浑良夫的巧妙安排下，蒯聩悄然地潜返回卫国，住在他姐姐家里。

傍晚孔悝回到家里，刚准备休息却被母亲叫了去。她说："悝儿，我问你，父母两族中，谁是至亲？"

孔悝垂手恭立，答道："叔伯是父系直属血亲，舅氏是母系直属血亲。"

孔姬说："你既然知道舅氏是母系至亲，为什么不拥立我的弟弟？"

孔悝答称："废子立孙是先君的遗命，我们做臣属的，怎敢不从？"

其实，孔悝早就察觉出母亲和浑良夫的暧昧关系，而且浑良夫偷偷前往晋国去会晤蒯聩，他也略有所闻，只是做晚辈的不便公然指出来，给他们留一点面子而已。如今听到母亲话中有话，就推说腹痛要去如厕，准备开溜。

浑良夫这伙人早有安排，在孔宅四周埋伏了不少武士听候使唤。他们早已准备好盟誓所需的一切，临时买不到牛，就宰了一头猪，将猪血放在一个器皿中备用。

当孔悝从厕所出来，浑良夫命两名武士不由分说，将孔悝挟持到大厅上。这时候，蒯聩站立大厅中央，孔姬站在他右边。孔悝被押进来以后，孔姬厉声喝道："舅父在此，为何不拜？"

孔悝无奈，只好跪拜下去。蒯聩笑容满面地亲自过去搀扶。

孔姬改以柔声对儿子说道："君位本该是你舅舅的，但他竟被逼至出亡他国。这件事是举世共谅，偏偏不见谅于自己的外甥。我

※晋国"鸟尊"

※孔子弟子——"宗圣"曾子

和他是同胞手足，不忍坐视，所以迎他回国继位。悝儿掌握大权，一言可以定国，拥戴你舅舅复位才是忠孝两全的贤臣，你说是不是？"

在这种情况之下，似乎已经没有选择的余地。孔悝被逼无奈，只好回答说："母命不敢不从。"

于是，由仆人捧来猪血，孔姬命孔悝和舅舅滴血定盟。

当晚，由浑良夫率领武士连夜进袭王宫。卫出公命人召孔悝来保驾，回报说：来袭的正是孔家的人，口称奉太子之命来捉拿逆子。卫出公大惊失色，他叫人传话说子不与父争，愿意退让。卫出公很快收拾宫中财物，并装载了两车，趁月色昏暗从宫中逃出，直奔鲁国去了。

子路当时是在孔悝的手下为官，政变发生时，子路正好因事出差，他听到消息赶回来后，政局已经是一片混乱，孔悝也被劫持。子路一心想救出孔悝，却被蒯聩派了两名武将拦住他的去路。

子路毫不畏怯，奋力向前，无奈对方人多势众，又使用长兵器，子路仅凭一支佩剑，虽然刺杀了几名敌兵，终究是处于劣势，一不留神，头上的帽缨被对方的长戟挑断，而且满身是伤。

子路掷剑大呼说："大丈夫死不免冠，容我把帽子戴正。"

孔悝在里面高声喝道："不得伤害子路。"可是在乱军中，怎能由他做主？

话声传来，子路已被一班乱军砍成肉酱了。

孔子听说卫国发生了政变，叹息着说："子羔（在卫国任官的另一弟子）还可以平安回来，子路却一定是牺牲了！"

果不出所料，子羔狼狈地逃了回来，孔子询及子路殉难时的情况，不禁泪如雨下。

自己的独子以及两位心爱的门生都先他而死，怎不令他悲恸？孔子凄凉的晚年，只有子贡、子夏、曾子等这班较为年轻的弟子在身边了。

制礼乐，作《春秋》

万世师表

图说名人

孔子时代，周室衰微，诗书缺，礼乐废，因此，他的晚年，除了教育弟子外，就利用空暇时间整理古时候的诗书。他将三千多篇诗歌加以整理，这就是流传到今天的《诗经》。

孔子的晚年还尤其喜欢《易经》，简直爱不释手。《易经》蕴含天道、人生的哲理，他曾叹息道："假如老天爷再加我几岁年纪用来研究《易经》，便不致有大过失了！"

旧说《易经》是伏羲、文王、孔子所作，即伏羲制卦、文王系辞、孔子作十翼。孔子所作十翼，是用以传经义者，故亦曰传。孔子是位伟大的人文主义者，他对《易经》的阐发关注人生哲理，使

※ 易经

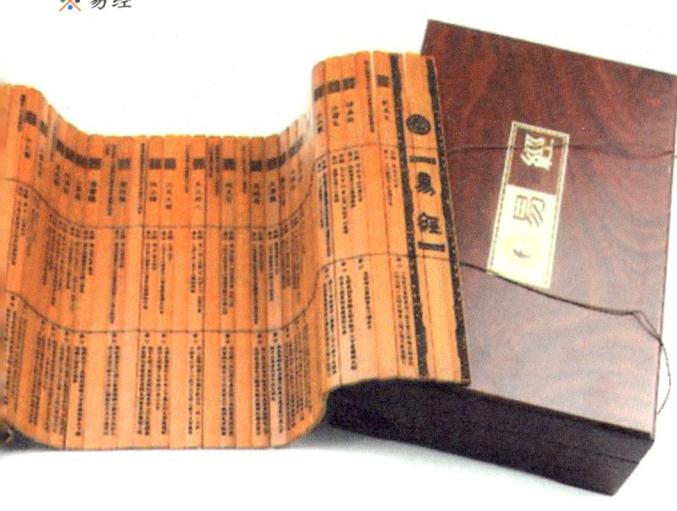

名人名言

非礼勿视，非礼勿听，非礼勿言，非礼勿动。

——孔子

它由卜筮的书籍一变而成为含义深远的哲理书籍了。秦始皇焚毁诗书百家时，由于周易被认为是卜筮的书，因而得以保存下来，未曾遭受焚毁的厄运。

孔子除了整理诗篇、作十翼外，还制定礼乐。孔子以诗书礼乐教授弟子。据说先后受教的弟子共达三千人，其中身通六艺者七十二人。

孔子曾经和鲁国的乐官谈论乐的问题。孔子说："音乐的演奏，其声音节奏的全部过程是可以知道的。一开始，各种乐器一起演奏，接着放开音量，使清浊高下互相和谐，宫是宫，商是商，不相混乱而节奏分明地连续不绝，直到一支乐曲终了。"

孔子的人格修养经过长期磨炼，已经成为当时的圣人。他在自己的乡里与人相处时，态度温和恭顺，一副笃实缄默的样子，好像不大会讲话似的。但在注重礼法的宗庙里，或者决定政事的朝廷上，却要详详细细地问，明明白白地解说，丝毫都不含糊，不过，发言总是很谨慎。

孔子在朝廷上和下大夫交谈时，态度和蔼而刚直；和上大夫交谈时，中正适度，在和悦中带着不可侵犯的样子。国君临朝时，他则恭恭敬敬，威仪适当而合礼。

日常生活中，孔子是食不厌精，脍不厌细。因为米饭是养生的必需品，所以不厌其精白；鱼肉类如切得太大，难以咀嚼，不合卫生，所以不厌其细。饭太热太湿的不吃；鱼肉变了味或腐败的不吃；食物的颜色跟平常不一样的不吃；有怪味恶臭的不吃；烹调失宜、不生不熟的不吃；不是三餐正常的时间不吃。纵使肉类很多，也不超过平时的食量。喝酒虽没有定量，但以不醉为原则。街上买来现成的酒菜可能不卫生、不干净，所以也不

知识链接

六 艺

中国古代儒家要求学生掌握六种基本才能：礼、乐、射、御、书、数。出自《周礼·保氏》："养国子以道，乃教之六艺：一曰五礼，二曰六乐，三曰五射，四曰五御，五曰六书，六曰九数。"这就是所说的"通五经贯六艺"的"六艺"。还有一种说法，六艺即六经，谓《诗》《书》《礼》《易》《乐》《春秋》。六艺现代解释，包括"礼、乐、射、御、书、数"等六种技艺。

至圣先师——孔子

※ 孔子

吃。姜能除秽恶，驱风寒，所以经常准备着，饭后也不撤去。不管吃什么东西都保持定量，决不多食。

祭礼后，分配到的肉马上分送给别人，不会留到隔宿，怕它会腐败而有碍健康。

孔子吃饭的时候决不说话，睡觉的时候也是如此，必须保持肃静。

虽然是粗饭、菜汤，也必会取一点祭祀先人，而且态度恭敬严肃。

遇到有朋友死亡，如果没有家属亲人料理丧葬事宜时，孔子就主动地负起殡葬的责任。

朋友有所馈赠时，除非是祭肉，否则即便是贵重的车马也不拜受，这表示敬重朋友的祖先。

孔子睡眠时不挺直四肢仰卧。平时在家时，不故意装出肃穆的仪容，态度也很随和。

看到穿着丧服的人，即使是平素很亲近的熟人，也必定变容表示哀悼。遇见戴着礼帽的大夫或者瞎了眼的盲人，虽然是经常见面，但仍然以礼相待。

有时候坐车子外出时，上车前必端正站立，手拉上车的绳索。

※ 孔子问礼碑

坐进车子以后不回头看,不高声说话,也不向窗外指指点点。如果在路上遇到穿丧服的人,总要站起身来,手扶车上的横木弯身致敬。

这就是万世师表、伟大圣人的生活态度。

鲁哀公十四年,孔子七十一岁的那一年冬天,鲁哀公要到大野(又名巨野,今山东省巨野北)去狩猎。当时,国君狩猎也算是一桩大事,非常地隆重,大夫和贵族们都得参加,孔子也在被邀请之列。

大野是个沼泽地区,各种鸟兽非常多。傍晚时,君臣等已经猎得不少鸟兽,鲁哀公极为高兴。不久叔孙氏策马奔来,报告说,他的手下猎得一头怪兽,从未见过,不知道它的名称。鲁哀公命人将那头怪兽抬来,只见它的形状大致有点像鹿,但比鹿要大得多。尾巴像牛,蹄又像马,头上生了一个角,背部的毛五彩缤纷,腹部是淡黄色。大家看了啧啧称奇,却没有一个认识,谁都说不出它的名字。

季孙氏认为,出现了怪物是不祥的征兆。鲁哀公却不这么想,他认为或许那是祥瑞的象征,于是立刻吩咐人去把孔子请来。孔子正准备和几个弟子回城,听到鲁哀公召请,就赶忙前往。

只见一群人围在那里,七嘴八舌地议论纷纷。鲁哀公见孔子到来,命众人让开,让孔子去辨认这头怪兽。

孔子一看,不觉大惊,他启奏鲁哀公说:"这是麒麟。"

鲁哀公听说是麒麟,心想:它是吉祥之物,可惜已经死了,要不然带回宫中豢养以供玩赏,那该多好。

且说孔子见到这只被杀的麒麟后,先是一惊,继而悲从中来。当他辞过鲁哀公,转身返回自己的座车时,禁不住以袖拭泪,叹息着说:"吾道穷矣!"

随侍在侧的子贡,看到孔子如此哀伤,惶惑不解道:"我听说麒麟是一种仁兽,它的出现正是祥瑞

※ 传说中的麒麟

之兆,您为什么反而如此忧伤?"

孔子告诉他说:"你怎么不想想,麒麟固然是仁兽,它的出现,一定是明君在位。帝尧时代,麒麟出现于郊外,百姓不敢伤害它。周朝的时候,凤凰鸣于岐山。这些都是在圣明之世才会出现,否则就隐匿不出。如今并无明君,它却出现了,难怪会死于佣仆之手,怎不令人慨叹?"

子贡又问道:"您因麒麟之死而自叹道穷,这又是什么缘故呢?"孔子又叹一声,说道:"我好比是麒麟,出现得不是时候,因而遭害。所以,我的道也将穷尽,没有人知道我了。"

子贡说:"怎么说没有人知道您呢?"

孔子说:"我不能见用于世,但不怨恨天,也不怪任何人,只是专心学习人事,从浅近处下功夫,渐渐领悟到天理,天总会知道我的。"

在这以前,孔子作《春秋》。《春秋》一书是鲁国的史记,上自鲁隐公元年(公元前722年),下至鲁哀公十四年(公元前481年),历经十二君主,共计两百四十二年的史实,孔子都翔实地一一记录了下来。

在孔子的时代,历史文献的保存不足是一个严重问题。他曾说过:"夏代的礼制,我还能说出一个大概来,可惜夏的后代杞国所保存的文献太少,已经没法考证了。殷商的礼制,我也可以随便说出一个大概,可惜商的后代宋国所保存的文献太少,已经没法考证了。如果两国的典籍、人物都充足,就能证实我所说的一切了。"

孔子那个时代,周的文献是很丰富的。他曾说:"周代文化继承夏、殷两代,所以更为完备而灿烂,我敬佩周公。"

在孔子看来,周公是周代文化的奠基人,他一直想做周公第二,并一直认为历史发展是有规律可循的,因此,自信已经具有一套政治及文化建设的蓝图。孔子曾说过:"如果齐国能够实施变革,就可达到鲁国的程度;鲁国如果再实施变革,就可达到近乎理想的王道境界了。"

孔子认为齐国是太公之后,自从齐桓公称霸以来,在政治上就日渐走上急功近利、喜奸好诈之途。鲁国是周公之后,虽然逐渐衰弱,但是重礼教、崇信义的优良传统作风仍胜过其他各国。不但齐、鲁两国大有可为,即使其他国家,不论大小,哪怕小至百里之地仍然有希望,问题只是肯为与不肯为而已。这就是孔子耗费了十四年的光阴,风尘仆仆奔走于各国,希望自己的理想能实现的主要原因。

结果是曲高和寡，孔子到处不受重用，于是只好回到故乡来教育弟子，从事著述工作。

孔子那个时代，周室逐渐衰微，圣贤之道不彰，天下一片混乱。家臣杀主、大夫篡君、权臣专横、武将跋扈已是司空见惯的事情。至于一般的老百姓，赋税既重，还得常常为贵族服劳役，或被征出战，万一遇到水、旱天灾，更是求告无门，苦不堪言。

一向具有悲悯胸怀的孔子，以天下为己任，希望改革政治，在上者清廉自持，爱护人民，善待百姓；百姓则知廉耻、重信义，守法安分，共享安康，这是孔子周游列国的另一个因素。

政治理想既然不能实现于天下，于是孔子倦游回鲁，从事教育与著述生涯。而鲁国内部依然混乱如麻，庙堂上仍然是君主懦弱、权臣嚣张。痛心之余，孔子便着手写《春秋》。

孔子把他的一套"王道"理想寄托于这本著作中。例如，吴、楚两国皆属蛮夷之邦，却自称为"王"，在《春秋》里，孔子把他们贬称为"子"。又如晋国曾把周天子叫了去，这是僭乱行为，他没有照写。如果照写，不仅损害了天子的尊严，而且表示没有是非公道可言。强权如能操纵一切，便可任意非为，天下将永无安宁之日了。

在政治上或社会里，应该有一套合理的规则，这种规则是基于人性和道德予以制定的，决不能由强权自行决定。周天子虽无实权，但名分上毕竟是天子。这种名分大义，不容不遵守。

所以，《春秋》不尽是客观的事实记录，而是有它的主观立场。凡是值得鼓励的，竭力予以宣扬；至于乱臣贼子们则予以笔伐。

《春秋》是中国保存下来最早的一部史书，也是世界上最早的编年史。有关历史事件、天文景象（日食、月食等）等发生的年月日都有明确的记载。它最大的特点是没有浓厚的神话色彩，这在两千多年前是极为难能可贵的。

当年孔子出仕为官时，在文辞方面多半与别人商量后才下笔，并不独断独行，坚持己见。唯独写《春秋》时完全依照自己的思想，该写的就写，该删的则删，可说是千锤百炼，一丝不苟。可见孔子对这部著作的重视。

他曾经对弟子们说："后世的人们，将因这部书而知道我孔子这样一个人；也可能因这部书而责骂我亦未可知。"

至圣先师——孔子

哲人永辞

孔子的著作《春秋》完稿前一年,也就是他七十岁的时候,独子伯鱼病逝;翌年,心爱的弟子颜回去世;又过了一年,子路在卫国殉难。这一连串的打击,使他老人家有点承受不住。

自从鲁哀公西狩获麒麟以后,孔子自知不久于人世,于是便把《春秋》匆匆结束,从此搁笔。

公元前479年,也就是鲁哀公十六年,孔子七十三岁。他的健康情况已经一天不如一天,经常卧病在床。

子贡经常去照顾他。有一天,子贡又去探望孔子。孔子正拄着拐杖,站在门口像是在等待着什么人。他一见子贡到来,就对他说:"我非常想念你,我以为你会很早就来呢。"

接着,孔子叹息着唱出一首歌,歌词的大意是:

泰山就要崩颓了,
梁柱快要折断了,
哲人要像草木那样枯萎了!

孔子唱完,泪流满面。

自从颜回死后,子贡就成了孔

※ 泗水侯伯鱼墓

门中最得意的弟子。他在季氏手下做事，曾出使吴国。因为孔子身体不好，他经常抽空来照料孔子。

子贡听到孔子唱出如此忧伤的歌，而且泪流满面，知道老师病势沉重，将不久于人世。做弟子的虽然心急如焚，悲恸不已，但不敢在老师面前露出哀伤的表情，免得老师更加伤感，只好强作欢颜，把孔子扶了进去。

这时候，孔子又对子贡说："天下无道，由来已久。我走遍各国，却没有人采用我的主张。我现在已经老迈衰颓，无能为力了！"

"我昨晚做了一个梦，梦见夏代人的棺木安置在东阶上，周代人的棺木安置在西阶上，殷代人的棺木安置在正厅的两根大柱之间，而我则被放在两柱间受人祭奠。你知道，我的先祖是殷人，想必我是活不久了。"

子贡再也抑制不住，虽不敢放声痛哭，却泪如雨下，不能自已。他勉强安慰道："夫子之道，是圣人大道，纵然今世不行，后世也必有宗法。这种梦境怎可当真？夫子虽然年老，可是精力还没有衰弱呢，何至于弃我等而去？"

七天之后，也就是周敬王四十一年、鲁哀公十六年（公元前479年）四月己丑日，在众弟子的环伺下，孔子永辞了这乱离之世，享年七十三岁。

鲁哀公接到报告后，内心感到很对不起孔子，一时之间，感慨万分，特颁赐诔辞：

> 昊天不吊，不慭遗一老。俾屏余一人以在位。茕茕余在疚，呜呼哀哉，尼父，毋自律。

大意是说，上天不可怜我，让这位老先生多活几年以辅助我完成中兴大业，却撇下我一个人在位，孤独无依地承受一切。唉！我的尼父（指孔子），今后谁还能帮助我，我将向谁去请教啊！

子贡看了这篇吊文后，表现得非常愤慨。他说："夫子在世的时候，不能任用他；当他去世以后，却颁诔辞大事赞扬，而且言词又多不实，不合于礼。诔辞中的'余一人'本是天子的自称，他怎可僭越？他根本就不遵守名分。"

子贡同情孔子生时不能见用于世，故而愤加抨击。但从史实的记载看来，国君不会轻易颁赐诔辞，只有周公死时，成王颁赐诔辞这一例子。鲁哀公这一次倒确实是出于一番敬慕之情，这是可以想象得到的。

孔子去世以后，弟子们商量后，并没有把他葬到孔家的祖坟那里去,而是选择在曲阜北郊的泗水边。

孔子平日对待弟子们如同自己的孩子,因此,弟子们也都以对待父亲的礼节服丧三年。他们在墓旁搭建草庐,在那里日日追悼老师。

匆匆三年期满,很多弟子仍不愿离去,子贡和他们又再住了三年。后来,在墓地附近又搬来不少人家,形成了一个村落,取名为孔里。

弟子们在守丧期间,将夫子平时所讲的话经过仔细地讨论辩证,然后一一记录下来,这就是留传下来的《论语》。

《论语》这部书,是孔子一生的言行实录、儒家学说之精华,由敦品为学、立身行道、处世接物,乃至治国平天下的大道组成,可谓包举无遗,说它是集中国文化之大成,并不为过。日本人对《论语》尤其推崇备至,他们曾说一部《论语》就可以治天下。在日本等地都建有巍然的孔庙,日本人对孔子的崇拜和景仰可见一斑。西方各国对孔子学说也非常重视,研究孔子学说的学者,日渐增多。

司马迁曾赞叹说:"天下的君王、贤人多得很,他们在世时固然荣华显贵,但死后则一了百了。唯有孔子,他是布衣,传了十余世,

※ 孔子故居

学者多宗法他。自天子王侯以下，凡是讲六艺的，都折服于他，真可算是至圣了！"

孔子的后裔都有封典，祀奉不替。当时的人尊孔圣，不敢直接称他的名讳。

唐朝开元年间，孔子被追谥为"文宣王"，弟子们也都有追赠。宋朝大中祥符元年（公元1008年），孔子被加谥为"至圣文宣王"，元朝大德十年（公元1306年）又被加谥为"大成至圣文宣王"。明朝嘉靖九年（公元1530年）被改称为"至圣先师"。清朝顺治二年（公元1645年），定文庙谥号，称"大成至圣文宣先师孔子"。十二年以后，又改称"至圣先师孔子"，一直沿用至今。

孔子的后裔，世代都接受封号。早在战国时代，孔子曾孙孔白、七世孙孔穿、八世孙孔谦即为齐、楚、魏、赵等国所争聘。

秦始皇时，九世孙孔鲋被封为鲁国文通君，拜少傅。

汉高祖十二年，封孔鲋弟孔腾为奉祀君，为孔子嫡系世袭受封之始。

衍圣公封爵始于西汉平帝元始元年，汉武帝罢黜百家，独尊儒术后，汉元帝封孔丘后人为褒成君，后历代皇帝不断加封。汉元帝封孔子十二代孙孔霸为"关内侯，食邑八百户，赐金二百斤，宅一区"。这是封建帝王赐孔子后裔府第的最早记载。

汉平帝为张扬礼教，封孔子后裔为褒侯。

汉元帝时十三世孙孔霸被封为褒成侯，除汉哀帝封十四世孙孔福为殷绍嘉侯、汉明帝封十八世孙孔损为褒亭侯、汉安帝封十九世孙孔曜为奉圣亭侯外，两汉封号仍以褒成侯为主。

曹魏改号宗圣侯。晋、南朝宋改号奉圣亭侯。

北魏称崇圣侯，北齐改恭圣侯。北周时，晋封邹国公。隋朝，文帝封邹国公，炀帝改绍圣侯。

唐初，封为褒圣侯；开元中，孔子被谥为文宣王，乃改褒圣侯为公爵，仍以文宣为号。

宋仁宗至和二年改文宣公为衍圣公，后代相沿不改。

中华民国二十四年（公元1935年），国民政府废清朝世爵，改衍圣公为大成至圣先师奉祀官，仍世袭。

2008年，末代衍圣公孔德成先生去世，"衍圣公"封爵名宣告结束。